노력이 필요 없는 영어

EFFORTLESS
ENGLISH

원어민처럼 영어 말하기를 배운다

# 노력이 필요 없는 영어

# EFFORTLESS
# ENGLISH

A.J. 호그 지음  손경훈 옮김

아마존북스

## 저자의 글

나는 비즈니스 영어 트레이너이자 커리어개발 전문가이다. 국제적인 학습자들이 영어를 자신감 있게 말하고 세계 경제가 번창하도록 돕는다.

국제적인 기업과의 상담을 통해, 직원들이 영어로 명확하고 효과적으로 의사소통을 할 수 있도록 도와준다. 기업 세미나 및 공공장소에서의 연설을 통해 성인들을 훈련시키고 고급 수준의 유창성, 발음, 전문적인 의사소통에 도달하도록 훈련시키는 것을 전문으로 한다.

나는 《노력이 필요 없는 영어》의 저자이며, 〈노력이 필요 없는 영어쇼〉의 진행자이다.

나는 기업에서 공개 키노트를 하고 세미나를 개최한다. 한번에

30명에서 3천명까지 훈련한다. 20년 동안의 강의 경험으로 청중들이 빠른 결과를 얻는데 도움을 주고 있다.

내가 제공하는 가장 중요한 일은 청중들이 영어 말하기에 대한 자신감을 즉시 높일 수 있도록 돕는 것이다. 학습자들이 언어에 대한 초조함, 수줍음, 과거의 실패를 극복하고 쉽고 자연스러운 의사소통 방식을 개발하도록 훈련시킨다.

일단 학습자들이 초조함을 극복하고 나면, 문법 수업과 교과서 수업 방식이 아닌 자연스러운 언어 접근법을 사용하여 영어 말하기를 더 빨리 향상시키는 새로운 방법을 가르친다.

보다 고급 수준에서는 학습자들의 발음을 완벽하게 연습시키고, 원어민처럼 정확한 문법(문법책 도움 없이)을 구사하도록 지도하며, 영어로 강력한 프레젠테이션을 하도록 훈련시킨다.

성인 학습자들이 비즈니스 및 기타 전문 환경에서 영어를 사용한다는 목표를 가지고 그들의 영어 말하기가 빠르게 개선될 수 있도록 돕는 것을 전문으로 한다.

기존의 학교, 대학, 교과서 영어, 비즈니스 영어 교육 프로그램의 실패 사례를 개선하고자 2006년에 '노력이 필요 없는 영어Effort-less English' 회사를 설립했다. 수년간의 공부에도 불구하고, 여전히 대부분의 학생들은 영어를 유창하게 하지 못한다. 발음, 어휘, 정확성 그리고 자신감에 있어서 전문적인 수준에 도달하는 사람은 여전히 적다.

'노력이 필요 없는 영어'에서, 우리는 영어를 '가르치지' 않는다. 우리는 영어 학습자들을 코칭한다. 우리는 영어 사용자들이 현실 세계에서 전문적인 수준의 유창함을 성취하도록 훈련시킨다. 우리의 방법은 아이들의 자연스러운 언어 학습 과정을 모방하며 심리, 훈련 및 최고 성과를 위해 최신 기술을 활용한다.

일반적으로, 대부분의 성인들은 우리의 방법을 이용하면 6개월 만에 능숙한 영어 실력을 달성할 것이다. 그 시점부터 그들은 고급 전문 훈련을 받을 준비가 된다.

'노력이 필요 없는 영어'는 성인들이 자신감 있고 강력하게 영어를 말하도록 훈련시킨다. 언어적인 측면(어휘, 문법 등등) 외에도 가장 빠른 결과를 얻기 위해 심리 훈련을 중요하게 강조한다. 그것은 수줍음과 초조함을 없애고 망설임을 없애고 동기를 높인다. 또한 집중력을 높이고 기억력을 향상시키고 언어에 대한 강한 자신감을 쌓는데 도움을 준다.

전 세계 학생들의 추천글을 참고하라.
http://effortlessenglishclub.com/testimonials

# 옮긴이의 글

이 책은 세계적인 언어 코치인 A.J. 호그가 지난 20년간의 교육을 통해서 자연스러운 언어 습득 원리를 기록한 책이다. 앞으로 언어습득 방식을 통한 외국어 학습에 새로운 전환점이 될 아주 중요한 외국어 연구가 되는 내용이다.

이 책에서 소개하는 '노력이 필요 없는 영어' 교육은 제임스 애셔 박사, 스티븐 크라센 박사, 블레인 레이, 애슐리 헤이스팅스 박사, 브렌다 머피 박사와 같은 전 세계 최고의 언어학 전문가들이 개발한 기법들을 적용하여 수년 동안 전 세계 영어 학습자들이 가장 좋아하는 영어 말하기 과정 중 하나가 되었다. 특히 이 책은 영어 학습자들이 가장 어려워하는 듣기와 말하기 능력에 최적화된 언어 학습법을 한국에 정식으로 소개한다.

'노력이 필요 없는 영어' 교육의 핵심을 이루는 듣기와 말하기 훈련은 세계적인 언어학자인 스티븐 크라센 박사의 '이해 가능한 입력Comprehensive input' 이론을 바탕으로 행동 심리와 스토리텔링 방식이 적용된 TPRS 방식의 훈련 프로그램을 따른다. TPRS 교육의 이론적 토대가 되는 모든 내용은 책 속에서 앞으로 자세하게 설명이 된다.

'노력이 필요 없는 영어' 교육은 25개국 이상에서 베스트셀러이며, 이 프로그램은 현재 전 세계 4천만 명 이상의 학생들이 쉽고 빠르게 영어를 말할 수 있도록 도움을 주었다. 현재도 계속 전 세계적으로 학습 사용자가 늘어나고 있다. 이미 세계에서 가장 효과적인 영어 듣기 말하기 교육 프로그램이다. 듣기와 말하기 외에도 읽기와 쓰기에 대한 영어 교육의 4대 영역에 대한 포괄적인 내용 및 발표하기와 비즈니스 영어 학습법도 소개한다.

이제 한국 영어 교육도 과거의 전통적인 영어 교육 방식에서 벗어나 언어 습득의 본질을 이해하고 실제 영어 자료로 영어를 교육해야 한다. 앞으로 다음 세대의 아이들이 살아갈 세상은 인공지능이 우리 생활의 일부분으로 들어오는 미래 사회이며 전 세계 인구가 서로 연결되는 세계 시민 사회이다. 인공지능 시대가 도래하면서 이미 전 세계 미래 교육과 글로벌 언어 교육에도 큰 변화가 본격적으로 시작이 되고 있다.

이 책은 교사, 학부모, 학생 그리고 영어 교육 전문가 및 국가교육 정책자들 모두 반드시 읽어야 하는 중요한 책이다. 특히 학부모님들은 미래의 자녀 교육을 위해 진정으로 고민해야 한다. 인공지능 시대는 빅데이터 정보가 시공간을 초월해서 연결되는 정보 소통 혁신의 시대이므로 미래 인재들에게 올바른 영어 교육과 학습은 사회적 문화적으로도 더욱더 중요해진다. 전 세계 정보는 기술의 발전으로 앞으로 더욱더 빠르게 소통이 시작된다.

변화의 시대가 끝나고 이제 행동과 속도의 시대가 도래했다. 책 번역은 원문 내용의 손상 없이 최대한 직역을 유지하면서 내용 파악이 모호한 부분의 경우는 일부 의역을 해서 독자들의 이해를 높이고자 하였다. 세계적인 영어 코치 A.J. 호그 선생님의 메시지가 잘 전달되기를 바라면서 희망의 선물을 남긴다. 책 속의 모든 내용을 세계적인 A.J. 호그 선생님이 직접 육성으로 녹음을 해서 QR코드 이미지로 매 챕터마다 제목의 오른쪽에 링크를 걸어두었다. 세계 최고의 영어 코치가 남기는 자연스러운 언어 교육의 메시지가 한국의 영어 교육 발전과 개인의 행복한 미래 삶에 기여하기를 바란다.

－손경훈

# Contents

# Part 2
# 노력이 필요 없는 영어 7가지 언어 법칙

## Part 3
# 영어 읽기, 쓰기, 말하기, 비즈니스 영어 및 발표의 비밀

## Part 4
## 국제적인 영어 커뮤니티와 코칭 시스템

EFFORTLESS
ENGLISH

# 노력이
# 필요 없는 영어와
# 성공 심리

chapter

# 01
# 영어를 배우기 위한
# 더 좋은 방법

만약 당신이 이 책을 선택했다면, 오랫동안 영어로 말할 수 있기를 바랐을 가능성이 크다. 어쩌면 지금 이미 영어 수업을 받고 있을 수도 있다. 당신은 아마도 커리어를 향상하기 위해서 영어가 필요할 수 있다. 어쩌면 해외여행이나 해외유학을 원해서일 수 있다. 당신은 영어가 국제 비즈니스와 국제 여행의 핵심이라는 것을 알고 있다. 그래서 당신에게 몇 가지 물어보겠다.

영어를 말하려고 노력할 때 초조하거나 수줍음을 느끼는가? 수년간의 공부에도 불구하고 누군가가 영어로 말하면 그것을 이해하는데 어려움을 느끼는가? 발음 때문에 걱정되거나 너무 느리게 말해서 걱정스러운가? 많은 시간을 영어공부에 투자했음에도 불구하고 여전히 말할 수 없어서 좌절되는가? 당신의 목표에도 불구하고 직장, 여행, 학업에서 영어를 사용하기가 실제로 어려운가? 종종 영어 말하기를 결코 마스터하지 못할 것이라고 느끼지 않는가?

만약 이 질문들 중에 하나라도 '예'라고 답했다면 당신 혼자만 그런 것은 아니다. 사실, 당신은 매우 일반적인 경우이다. 대부분의 영어 학습자들도 비슷하게 느낀다. 대부분의 성인 학습자들은 영어 말하기에 스트레스를 받고 좌절한다. 몇몇은 완전히 희망이 없으며 강력한 영어 말하기를 결코 할 수 없다고 느낀다. 그들이 언어에 소질이 없어서가 아니라 당신과 같이 잘못된 방법으로 영어를 배웠기 때문이다.

다행스러운 것은 이제 그럴 필요가 없다는 점이다. 여러분들에게는 잘못이 없다. 여러분들은 영어를 자연스럽고 쉽게 배울 수 있다. 직장, 여행, 학업에서 효과적으로 영어를 사용할 수 있다. 영어를 말할 때마다 여유와 자신감을 가질 수 있다. 사실 오랜 시간 영어교사로서 나는 전 세계 수천 명의 학생들이 유창하고 강력한 영어 스피커가 되도록 돕고 있다.

내가 어떻게 그것을 했을까? '노력이 필요 없는 영어Effortless English'라고 내가 개발한 학습 방법으로 그것을 했다. '노력이 필요 없는 영어'는 아이들이 학교에 들어가기 전에 배우는 방법으로 영어를 자연스럽고 자동적으로 배울 수 있게 해준다. 너무나도 자주 영어 수업은 시험, 교과서, 성적, '수준levels'에 집중해서, 학생들은 애초에 왜 그들이 영어 수업을 듣고 있는지 잊어버린다. 그들은 더욱더 성공적인 커리어와 흥미로운 국제여행과 같은 현실 속의 목표를 잊어버린다. '노력이 필요 없는 영어'와 함께라면 언어를 배우는 궁극적인 목표가 커뮤니케이션communication이라는 사실을 절대 잊지 않는다. 대신, 여러분들은 영어를 보다 빨리 그리고 더욱더 정확하게 말하는 것을 배운다.

## 노력이 필요 없는 영어란?

당신이 회의적이라면 이해한다. 특히나 전통적인 방법으로 영어를 배우고자 노력해 왔다면 말이다. 지금까지 많은 시간을 어휘 목록 암기하기, 문법 연습하기, 지루한 교과서 읽기 등과 같은 곳에 투자해왔다. "어떻게 영어 말하기를 노력이 필요 없이 할 수 있을까?"라고 당신은 생각할 것이다.

나를 믿어라. 당신의 고통을 이해한다.

15년 전 내가 가르치기 시작했을 때, 나의 학생들은 모두 영어로 대화를 시작하는 것에 흥분했다. 그리고 나도 그들을 돕는데 흥분되었다. 그때 당시, 나는 일반적인 방식으로 가르쳤다. 교과서를 사용했고 문법을 가르치는데 초점을 맞추었다. 이것이 가르침의 최고의 방법이라고 생각했고 학생 누구도 불평하지 않았다.

나는 글래디스Gladys라는 베네수엘라 출신의 특별한 나의 지적인 학생 한 명을 기억한다. 글래디스는 영어를 잘하려고 결심했었다. 그녀가 한 노력을 보자. 글래디스는 내 모든 수업에 참석했다. 그녀는 항상 앞줄 중앙에 앉았다. 그녀가 보인 열정과 미소 짓는 얼굴이 아직도 기억난다. 그녀는 상세하게 노트를 작성했다. 내가 말하는 모든 단어를 들으려고 노력을 했다. 그녀는 또한 집에서도 공부했다. 매일 4시간 이상씩 영어 교과서를 공부했다. 또한 단어 목록에서 50개의 새로운 단어를 매일 기억하고자 노력을 했다. 글래디스는 나의 최고의 학생이었고, 나 또한 그녀가 성공할 거라고 확신을 했다.

그러나 6개월 후에 그녀는 여전히 영어를 거의 할 줄 몰랐다. 그녀의 말투는 망설였고 부자연스러웠다. 쉬운 문장조차도 문법 실수를 했다. 그녀의 발음은 이해하기 어려웠다. 여전히 스페인어로 생각하면서 말을 할 때 영어로 번역하려고 했다. 가장 최악인 것은 영어를 말할 때마다 초조해했다. 영어 말하기는 그녀에게 고통스러운 경험이었다.

글래디스는 극도로 좌절을 했다. 그렇게 많은 노력 후에도, 거의 향상되지 않았다. 그녀의 영어 교사로서 나 역시 좌절감을 느꼈다. 나는 그녀가 빠르게 향상될 거라고 확신했으나 왜 그녀가 그러지 못했는지 이해할 수 없었다. 나는 모든 전통적인 학습 방법을 따랐다. 표준 교과서와 표준 수업 활동을 사용했었다. 글래디스는 지적이고 규율에 잘 따랐으며 한결같았다. 그러나 그녀의 영어 말하기는 거의 향상되지 않았다.

슬프게도 글래디스가 향상되지 않은 유일한 학생이 아니라는 것을 깨달았다. 그녀의 반 친구들도 거의 향상되지 않았다. 그 사실은 좌절스러웠고 나는 교사로서 완전한 실패자처럼 느껴졌다. 그러나 이유를 몰라 내 동료에게 도움을 요청했을 때 동료들도 같은 문제를 가지고 있다는 것을 알았다. 그 문제는 그들의 학생들 중 매우 적은 수만이 향상되고 있었다는 사실이었다. 그 시점에, 나는 무엇인가 잘못되었다는 것을 알았다. 즉, 영어를 가르치는 표준 방법에 무엇인가 문제가 있다는 것을 발견했다. 나에게 가장 최악이었던 것은 모두가 이 상황을 '정상적인' 것으로 받아들였다는 점이다. 다른 교사들은 학생들의 성과 부족에 대해서 크게 관여하지 않았다. 모든 교사는 학생들에게 같은 방법을 사용하고 있었고 똑같이 낮은 결과물을 얻고 있었다.

전 세계 대부분의 지역에서, 학생들은 몇 년 동안 학교에서 영어를 공부한다. 그러나 학생들 상당수는 결코 영어를 잘하는 법을 배우지 못한다. 수년간의 공부 후에도, 여전히 실제 영어 대화에 문제점을 가진다. 영어를 말할 때 초조해하며 부끄러워한다.

글래디스와 함께한 지 몇 년 후, 나는 일본에서 영어 조교로 취직했다. 나는 어린 학생들이 영어를 배우는 것을 돕는 것에 흥분되었다. 일본에서의 첫 수업 날을 기억한다. 일본인 정교사 옆에서 교실의 중앙에 앉아 있었다. 학생들이 교실로 와서 나를 보고 소심하게 피식 웃었다. 그들은 앉아서도 계속해서 수줍게 나를 힐끔 쳐다보았다. 그들은 상냥하고 호기심이 많았다.

그러고 나서 수업이 시작되었다. 정교사가 칠판에 영어 문장을 썼다. 정확하게 기억은 나지 않지만 "The little girl goes to school. 어린 소녀가 학교에 가요."인 듯했다. 그 교사는 문장을 가리키고 일본어로 이야기하기 시작했다. 학생들은 모두 노트를 붙잡고 쓰기 시작했다. 모두들 매우 진지했다.

다음으로 교사는 '간다 goes'에 둥글게 원을 그렸다. 그녀는 그 단어를 가리키면서 일본어로 계속 말하기 시작했다. 그녀는 계속 일본어로 이야기하고 이야기했다. 학생들은 노트에 그 내용을 채우며 재빨리 받아 적었다. 마침내 교사는 '간다 goes'에서 '소녀 girl'까지 선을 그었다. 그러고 나서 일본어로 더욱더 많이 이야기했다.

이러한 것은 수업 내내 이루어졌다. 그녀는 선, 원 그리고 사각형을 그렸다. 그녀는 서로 다른 색깔의 분필을 사용했다. 그리고 계속해서 일본어로 이야기를 했다.

나는 완전히 혼란스러웠다. 나는 원어민이지만 수업 시작할 때부터 앉아 있었다. 그러나 수업 시간에 어떤 것도 이해할 수 없었다 (단, 그 한 문장을 제외하고). 나는 스스로 생각해 보았다. "이 교사를 그렇게 많이 이야기하도록 한 것은 무엇이었을까? 그것은 단지 영어 한 문장인데."

그러나 그 교사는 그 단순한 문장을 분석하고 설명하고 해부하는데 시간 전체를 사용했다. 수업이 끝날 때쯤, 그 교사는 나에게 '발음을 위해for pronunciation' 그 문장을 크게 읽으라고 했었다. 몇 번 그 문장을 읽었고 그것이 학생들이 그날 들은 유일한 실제 영어 입력이었다.

슬프게도 이러한 수업은 매일 반복되었다. 매일매일 학생들의 열정과 호기심이 사라지는 것을 보았다. 그들은 지루해하기 시작했다. 그들은 스트레스받고 혼란스러워했다. 매일 학생들은 노트에 일본어로 기록을 했다. 교사는 일본어로 주로 이야기를 하고 또 이야기를 했다. 나는 영어 수업을 왜 일본어로 주로 가르치는지 이해할 수 없었다. 수업 시간 내내 학생들은 일본어를 90% 이상 듣고 있었다. 그들은 영어를 거의 듣지 못하고 있었다. 그들이 말하는 것을 결코 배울 수 없음이 놀랍지도 않았다. 좌절하고 혼란스러워하는 것도 놀랍지 않았다.

솔직히 학교가 이 학생들의 타고난 학습 사랑을 짓밟는 것을 보는 것은 내 마음을 아프게 했다. 지루하고 좌절하고 스트레스를 받는 것을 보는 것은 끔찍했다. 6개월 후에, 학생 중 누구도 나에게 말을 걸 수 없었고, 가장 간단한 대화도 할 수 없었다. 이와 같은 상황은 전 세계의 영어 수업에서도 반복이 된다.

글래디스와 일본에서의 경험은 전통적인 영어 교육이 문제가 있다는 것을 확신시켜 주었다. 나는 현재의 교육방식보다 학생들이 영어를 잘 할 수 있도록 도울 수 있는 더 좋은 방법이 있다는 것을 확신했다. 그래서 나는 더 좋은 방법을 위해 연구를 시작했다. 나는 영어 학습법에 관한 책을 엄청나게 읽었고 수업에서 끊임없이 새로운 방법을 시도했다. 연구 논문을 읽고 지구 반대편을 여행하고 영어를 가르쳤다.

나를 놀라게 한 것은 실질적인 연구가 전통적인 교습법을 거의 지지하지 않는다는 사실이었다. 미국 서부 캘리포니아주, 남가주 대학의 유명한 언어학자인 스티븐 크라센Stephen Krashen 교수는 언급했다. "우리는 사람들이 우리에게 말했던 것을 이해할 때 그리고 우리가 읽을 때 언어를 습득한다. 의도적인 암기는 필요치 않다." 만약 우리 대부분이 직관적으로 영어를 배우는 가장 좋은 방법이 자연스러운 것임을 알았다면 왜 그렇게 많은 교사와 학생들이 여전히 부자연스럽고 비효과적이며 오래된 학습 방법을 선택하는지, 나는 궁금했다.

결국 나는 학교로 돌아갔고 TESOL(영어가 모국어가 아닌 사람에게 영어를 가르치는 방법, Teaching English to Speakers of Other Languages) 분야에서 석사학위를 받았다. 그 과정에서 나는 더 많은 연구를 했고, '노력이 필요 없는 영어' 프로그램의 근간이 되는 놀라운 새 방법들을 발견하게 되었다.

나는 스스로 비공식적인 연구도 진행했다. 성인일 때 언어를 배운 훌륭한 영어 능력자들을 찾았다. 그런 사람들을 발견할 때마다 그들을 인터뷰했다. 시간이 흐르면서 나는 패턴을 알아차렸다. 이 성공한 능력자들 대부분은 학교 밖에서 영어를 정복한 독립적인 학생들이었다. 그들 대부분은 나의 석사 연구에서 밝힌 것과 매우 비슷한 방법을 사용했다. 그들은 대부분 학교에서 사용하는 전통적인 방식을 따르지 않았다.

나는 나의 교습 방식을 바꾸었고, 수업에서 이 새로운 방식을 적용했을 때 나의 학생들은 빠르게 향상되었다. 나는 그것을 믿을 수 없었다. 학생들은 마침내 쉽고 강력하게 말하는 것을 배웠다. 그리고 더욱더 좋았던 건 그들 스스로 즐거워하고 있었다. 수년간의 연구와 실험 후에, 나는 마침내 효과가 있는 방법을 찾아냈다.

## 노력이 필요 없는 영어의 현재

수년간, 이 방법을 테스트하고 적용해 왔고 '노력이 필요 없는 영어' 시스템을 개발해왔다. 영어를 배우는 7가지 필수 법칙의 프로그램을 구축했다. 그것은 수많은 학생을 유창하게 만들었다. 수업의 성공을 바탕으로 오디오 코스를 만들었고 그것을 전 세계의 영어 학습자들에게 온라인으로 제공하기 시작했다. 오디오 레슨은 현재 25개국 베스트셀러이다.

게다가 학습자들이 서로 다른 멤버들과 소통할 수 있는 국제적인 영어 학습 커뮤니티를 위해 '노력이 필요 없는 영어 클럽**Effortless English Club**'을 창설했다. 많은 학생이 영어를 말할 때 초조함, 부끄러움, 좌절 그리고 두려움으로 힘겨워하기 때문에 영어로 자신감과 성공을 격려해 주는 환경을 만들기 원했다. 사실 많은 사람에게 이 부정적인 감정은 영어 말하기에 있어서 가장 나쁜 부분으로 작용하기 때문이다.

우리의 클럽에서 학생들은 상호 소통할 수 있고 다른 사람들과 온라인에서 말할 수 있다. 모든 사람이 '영어 즐기기'에 자유롭고, 실수도 하고 두려움 없이 서로 대화하는 매우 긍정적이고 고무적인 커뮤니티이다. 내가 생각하기에 우리는 전 세계 최고의 멤버들을 가졌다. 우리 멤버들 모두는 자신들의 성공에만 관심을 두는 게 아니라 다른 멤버들 역시 성공하도록 돕는다. 그 결과 학습자와 국제적인 리더들이 상호 협력하는 '가족'과 같은 곳이다.

이 책은 영어를 강력하고 유창하게 구사하려는 학생들을 위한 또 다른 자료이다. 유창함으로 가는 길을 안내하고, 자신감 있고 강력하게 노력이 필요 없는 말하기로 가는 당신의 여정을 빠르게 하기 위해 고안되었다. 이 책에서, 영어에 대한 부정적인 감정을 재프로그램하는 방법, 영어를 말할 때 자신감을 개발하는 방법, 유창함으로 가는 강력하고 효과적인 길을 따르는 방법을 배우게 된다. 또한 영어를 사용하여 자신의 커리어를 발전시키고 원하는 성공을 이루는 방법을 배울 수 있다.

다음 몇 챕터를 통해서, '노력이 필요 없는 영어' 시스템을 상세하게 설명하고 그 뒤에 숨겨진 철학도 설명을 할 것이다. 그리고 왜 심리와 방법이 언어 학습에 있어 중요한지를 말할 생각이다. 또한 당신의 목표를 이루기 위해 그 시스템을 사용하는 방법을 정확하게 말하려고 한다.

나와 함께하고 여정을 즐겨라. 오래된 교육 시스템을 떠나보내는 것을 두려워할 필요가 없다. 압박감, 스트레스, 두려움, 지루함 등은 떨쳐 버려라. 대부분의 학교 교실과는 반대인, 이 자연스러운 언어 시스템이 당신에게 재밌고 친숙하며, 에너지를 줄 것을 약속한다. 압박은 이제 없다. 단지 친근한 격려와 지원만이 존재한다.

나를 믿어라. 나는 전 세계의 모든 곳에서 학생들을 돕고 있다. 그리고 이제 당신을 돕고자 간절히 열망한다. 나는 당신이 훌륭한 영어를 할 수 있도록 돕는데 최선을 다할 것을 맹세한다.

그래서 '노력이 필요 없는 영어'란 무엇인가? '노력이 필요 없는 Effortless'이라고 해서 게으른 영어를 의미하는 것이 아니다. 그와는 반대로, '노력이 필요 없는 영어 Effortless English'는 당신이 매일 투입한 일의 결과가 될 것이다. 나의 시스템을 통해서, 당신은 진전을 보이며 자연스럽게 그리고 '노력하지 않고'(강요받지 않으며, 스트레스, 주저함, 초조함이 없이) 영어 말하기를 성취하게 된다.

다시 말하면, '노력이 필요 없는 Effortless'이란 시작이 아니라 결과이다. 당신의 목표는 자연스럽게 영어를 하는 것이다. 생각 없이, 번역 없이, 걱정과 주저함이 없이 단어가 흘러나오기를 원한다. 모국어를 말하듯이 영어를 할 수 있기를 바란다. 노력 없이 말하기는 최종 결과물이며 때때로 노력 없이 되기 위해서 많은 노력이 필요하다.

그러나 철저하게 그 노력을 즐길 때 가능하다. 내가 사용하기 좋아하는 예는 운동선수나 예술가의 '몰입한 상태 In the zone'라는 개념이다. '몰입한 상태'란 뛰어나고 노력없이 수행된다는 의미이다. 운동선수가 어떤 단계에서 '몰입한 상태'에 있을 때 많은 에너지를 소비하고 밀어붙이고 완전히 집중하면서 매우 열심히 연습한다. 그러나 즐기고 완전히 집중할 때, 그 활동은 힘들지 않게 느껴진다. 강요, 긴장 등의 느낌은 전혀 없다.

사실 '노력이 필요 없는 영어'의 이름은 도교의 사상인, '무위(無爲, wuwei)' 혹은 '노력이 필요 없는 노력effortless effort'에서 영감을 받았다. 그것은 큰 노력을 쏟지만, 강요가 아닌 완전히 힘들이지 않고 자연스럽게 느껴지는 흐름 상태에 대한 것을 의미한다.

그래서 핵심은 '노력이 필요 없는 영어'는 게으름, 빠른 해결, 불가능한 속임수가 아니라 '노력이 필요 없는 노력effortless effort' 또는 '무위(無爲, wuwei)' 상태를 발견하는 것이다. '노력이 필요 없는 영어'는 당신이 영어를 유창하게 말하게 하는 것을 의미한다. 영어를 말할 때 힘겨워할 필요가 없다. 초조해 하거나 스트레스를 받을 필요도 없다. 문법 규칙이나 번역도 생각할 필요가 없다.

영어를 노력 없이 말할 때, 당신의 생각을 분명히 전달할 수 있다. 당신의 감정을 강력하게 표현하라. 동사 활용에 대해서 고민하지 말고 사람들과의 연결에 집중해라. 일하고 여행하고 배우면서 영어를 말하는 과정을 완벽하게 즐겨라.

# 02
# 학교의
# 문제점

전 세계 곳곳에서 영어를 가르친 나의 경험은 나로 하여금 영어 교육에 무엇인가가 잘못되어 있다는 확신을 하게 했다. 내가 가는 곳 모든 곳에서, 그것은 같은 상황이었다. 학생들은 지루해했고, 실망하거나 스트레스를 받고 초조해했다. 심지어 수년간의 영어공부 후에도 대부분의 학생들은 영어를 유창하게 말하는데 실패했다. 그것은 세계적인 문제이기 때문에 당신 혼자만의 문제가 아니다.

나의 학생 중 한 명인, 일본 출신의 세이코Seiko는 이런 실패와 스트레스의 조합을 '영어 트라우마English Trauma'라고 설명을 했다. 세이코는 영어를 싫어한다고 말했다. 영어를 배우는 것은 지루하고 스트레스받고 영어 말하기는 더욱더 최악이라고 느꼈다. 사실 원어민과 대화를 한다는 생각은 즉시 세이코를 극도로 긴장시키고 수줍게 만들었다. 세이코는 영어에 대한 심리적인 문제가 생겼고 그것을 '영어 트라우마'라고 이름 지었다. '트라우마'는 깊은 상처와 부상이다. "그렇게 많은 사람들이 현재 영어를 상처 혹은 정신적인 질병으로 생각한다니 얼마나 슬픈가?"라고 나 스스로 생각을 했다.

교직 경력 내내, 만나왔던 수많은 학생들이 영어에 대해 비슷한 느낌과 감정을 가지고 있었다. 나는 세이코 혼자만이 아님을 발견했다. 더 정확히 말하면 '영어 트라우마'는 글로벌 전염병이다. 비록 대부분의 학생이 영어 말하기를 반드시 배워야 한다는 것을 느끼지만 매우 적은 수의 학생들만이 즐기고 있다. 언어를 배우는 대부분의 사람들은 세이코가 가졌던 것처럼 초조함과 좌절감의 똑같은 감정을 가지고 힘겹게 나아가고 있다.

이 문제를 점점 더 많이 접하면서 나는 근본 원인을 찾기 시작했다. 해결책을 찾기 전에 문제를 이해할 필요가 있음을 깨달았다. 마치 의사가 질병을 치료하기 전에 진단해야 하는 것처럼. 생각해 보자. 이 모든 불행과 실패의 원인은 무엇인가? 왜 수년간의 공부에도 불구하고 그렇게 많은 사람이 영어를 자연스럽게 말하는 것에 실패하는가? 영어 교육에 잘못된 것은 무엇인가?

내가 발견한 첫 번째이자 가장 명확한 문제는 학교에서 영어를 가르치는 방법이다. 전 세계 모든 곳의 대부분의 학교는 문법 번역식 방법을 사용한다. 이름이 의미하듯이, 이 방법의 핵심은 문법 분석 그리고 번역된 어휘의 암기이다. 이 방법은 끝없는 문법 공식 암기로 영어를 파괴한다. 물론 각 문법은 예외를 가지고 있고 이것도 역시 반드시 기억해야 한다.

학교는 문법 번역식 방법을 좋아한다. 왜냐하면 그것은 심각하고 학문적이며 그리고 복잡하기 때문이다. 문법 번역식 방법은 학교가 교과서, 강의, 노트, 암기 시험과 같은 대부분의 내용을 가르치는 방법에 적합하다. 여러분도 알겠지만, 유일한 문제는 그것이 효과가 없다는 사실이다. 실제 대화에서, 문법 공식과 문법 예외를 생각할 시간이 없다. 그래서 이러한 방법의 실패율은 정말 끔찍하다. 많은 학생들이 영어를 유창하게 말하지 못하는 데에도 불구하고, 학교는 계속해서 이 방법을 사용한다. 이것은 우리 교육시스템의 거대한 실패이다.

최근에 학생들이 문법 번역식 방법이 너무 지루하다고 생각했기 때문에, 몇몇 학교들은 커리큘럼에 '커뮤니티 활동'을 추가했다. 때때로 교사는 학생들을 짝이나 그룹으로 묶는다. 그리고 학생들은 교과서의 대화문을 읽고 따라 한다. 가끔 연습 문제지의 몇몇 질문에 답을 하기도 한다. 물론 이러한 활동은 실제 대화처럼 자연스럽지는 않다. 그 결과 '커뮤니티 활동'의 실패율은 문법 번역만큼이나 나쁘다.

확실히 학교에서 사용하는 영어학습 방법은 효과적이지 않다.

그것은 쉽게 알 수 있는 일이다. 나도 알고 학생들도 안다. 그리고 많은 교사들도 그것을 알고 있지만, 소수의 교사들만 그 사실을 인정한다.

그러나 내가 학교의 문제점을 계속 조사했을 때, 나는 교육 시스템에 더 깊은 문제가 있음을 알게 되었다. 이런 문제들은 겉으로 잘 드러나지 않지만, 많은 면에서 학생들에게 훨씬 더 해롭다. 나는 이런 문제점들을 '숨겨진 커리큘럼Hidden Curriculum'이라고 부른다. 왜냐하면 그것들은 학교에서 가르치는 숨겨진 수업이기 때문이다.

## 숨겨진 커리큘럼

전 세계 어느 곳에서나 대부분의 학교는 비슷한 숨겨진 커리큘럼을 공유한다. 이 커리큘럼의 한 가지 요소는 학생의 수동성이다. 학교에서 학생들은 능동적이 아닌 수동적이 되도록 훈련받는다. 학생들은 책상에 열 지어 앉아 있다. 학생들은 어릴 때부터 교사에게 조용히 하고 복종해야 한다고 들었다. 교사가 강의할 때, 학생들은 노트에 적는다. 시험을 준비하기 위해 이 노트를 기억해야 한다고 들었다. 메시지는 간단하다. 즉, 배움은 수동적인 활동이다. 교사의 말을 듣고 기록을 하며 노트를 기억한다.

문제는 영어 말하기는 수동적인 활동이 아니다. 반드시 다른 사람들과 연결해야만 한다. 끊임없이 질문을 하고 대답해야 한다. 생각, 감정, 그리고 설명하면서 소통해야만 한다. 예기치 않은 것에도 준비를 반드시 해야 한다. 즉흥적으로 반응해야만 하고 능동적으로 대응해야 한다. 영어는 수동적으로 공부하는 것이 아니라 적극적으로 직접 해야 한다.

수동적인 문제와 관련된 것은 에너지의 문제이다. 오랫동안 앉아 있는 것은 낮은 에너지 활동이다. 오래 앉아 있을수록 에너지는 더욱더 떨어진다. 그리고 에너지가 떨어짐으로써 집중력도 떨어진다. 더 나쁜 것은, 일부 학습자들은 효과적으로 학습하기 위해 신체적인 움직임이 필요하다는 점이다. 이러한 사람들을 '운동적 학습자Kinesthetic learners'라고 부른다. 사실 우리는 모두 신체적인 움직임으로부터 도움을 받기 때문에 어느 정도 '운동적 학습자'이다. 학교들은 우리를 의자에 앉히고 에너지를 빼낸다. 결국 활동하지 않는 몸은 소극적인 마음으로 이어진다.

## 하나의 정답만이 옳다는 사고방식

학교교육의 가장 큰 결점 중 하나는 '하나의 정답' 사고방식이다. 하나의 정답은 숨겨진 커리큘럼에서 가장 중요한 부분이다. 그것은 교과서와 시험 때문에 나타난 결과이다.

학교에서, 종종 질문과 문제에 대해서 오직 하나의 정답만이 있다고 배웠다. 예를 들어 시험에서 정확한 동사시제를 선택하거나 혹은 '적절한' 영어 인사들이 있다고 배웠다. 숨겨진 메시지는 교사의 방법이 항상 옳다는 점이다.

실제 삶 그리고 실제 영어는 이런 방식이 아니다. 예를 들면 때때로 나는 비록 그 사건이 과거에 일어났더라도 현재시제로 이야기를 한다. 이것은 흔히 원어민들이 사용하는 기법이다. 그러나 영어 학습자들이 이러한 이야기를 들을 때, 대부분은 당황스럽고 혼란스러워한다. 그들은 과거시제가 '옳은 답'이고 그 이야기를 하는 유일하게 정확한 방법이라고 확신한다. 몇몇은 상당히 당황해서 심지어 그것에 대해서 나와 논쟁을 한다. 이 학생들은 '정답은 하나' 밖에 없다고 확신하여 원어민과 논쟁을 벌일 것이다.

이 학생들은 영어로 어떤 것을 말하는데 오로지 하나의 정답이 있다고 믿도록 훈련이 돼 있다. 어떤 표현을 영어로 말하는데 항상 많은 다른 표현이 있다. 스토리의 느낌을 변화시키기 위해 동사시제를 바꿀 수도 있다. 우리는 다른 어휘와 다른 구절도 사용할 수가 있다. 그리고 심지어 우리는 문법 규칙을 자주 어기기도 한다. '하나의 정답' 사고방식은 영어 학습자들의 생각을 제한하고 혼란스럽게 한다. '하나의 정답' 사고방식은 학생들을 융통성이 없고 상상력이 없는 사람으로 훈련하는 반면에 효과적인 커뮤니케이션은 유연성을 요구한다.

이 문제와 관련된 숨겨진 커리큘럼의 또 다른 위험한 부분이 있다. 즉 실수에 대한 두려움이다. 이것은 학교에서 가르치는 가장 부정적이고 충격적인 메시지 중 하나이다. 실수에 대한 두려움은 어떻게 가르쳐지는가? 시험과 교정을 통해서이다. 전 세계의 거의 모든 학교에서, 교사들은 정기적으로 퀴즈와 시험을 본다. 교사들은 질문하고 학생들은 하나의 정답을 제공해야만 한다. 물론 하나의 정답은 항상 교사의 대답이다.

만약 학생들이 다른 대답을 하면 무슨 일이 발생할까? 낮은 점수로 벌을 받게 된다. 학생들은 똑똑해서 학교에서 실수는 나쁘고 피해야 한다는 것을 금방 알아차린다. 진실은 중요하지 않고 성공하기 위한 최고의 방법은 단지 교사가 원하는 대답을 하는 것이라는 걸 학생들은 안다. 더 나쁜 것은 이미 긴장한 학생이 수업 시간 내내 영어를 듣고 말하려고 할 때이다. 그들은 이제 막 배우기 시작했기 때문에 당연히 실수를 할 것이다. 교사들이 이러한 실수를 지적할 때, 학생들은 당황해하고 더욱더 초조해지기 쉽다. 결국 대부분의 학생은 이런 상황이 너무 고통스럽기 때문에 영어 말하기를 피하려고 노력한다.

실수에 대해 벌주고 지적함으로써, 학교는 위험을 감행하는 것에 대해 벌을 준다. 점차적으로 교사들은 학생들에게 위험과 완벽하게 할 수 없는 어떤 것들을 피하도록 훈련시킨다. 그러나 영어 말하기에 완벽한 것은 없다. 심지어 원어민조차도 실수한다. 원어민인 우리도 문법 실수를 한다. 단어를 잘못 발음하기도 한다. 단어조차 잊기도 한다. 하지만 시험과 성적이 아니라 우리는 커뮤니케이션에 집중하기 때문에 그건 중요하지 않다.

　물론 실수에 대한 두려움은 영어 수업을 훨씬 뛰어넘는 것이다. 수년간의 학교생활을 통해, 대다수의 학생은 삶의 대부분에서 위험을 피하도록 배운다. 학교는 학생들이 수동적이고 경직되고 소심하고 순종하도록 훈련시킨다. 이것은 단순히 영어 말하기에만 나쁘게 영향을 끼치는 게 아니라 당신의 커리어에 해를 끼치고 삶의 모든 영역에서 당신의 성공을 제한한다. 행운은 대담한 사람에게 찾아온다. 활동적이고 유연하고 열정적인 사람들은 삶 속에서 크게 성공하는 사람이다. 수동적이고 순종적인 사람들은 꿈대로 거의 살지 못한다.

　영어 말하기를 향상하고자 할 때 많은 실수를 할 수밖에 없다. 이것에 대해 당황할 필요가 없다. 사실 대부분의 원어민은 신경 쓰지 않는다. 그들은 당신이 문법 실수를 했는지 신경 쓰지 않는다. 그들은 단지 당신과 대화하기를 원한다. 그들은 생각과 아이디어, 감정을 공유하고 싶어 한다. 그들은 '영어 학생'이 아니라 인간으로서 당신과 대화하기를 원한다. 효과적으로 대화하기 위해 완벽해지려는 생각을 잊어버리고 유연해지기를 반드시 배워야 한다.


## 영어 교육의 심각한 비밀

　만약 숨겨진 커리큘럼이 그렇게 나쁘다면, 왜 학교와 교사들은 계속해서 이것을 따를까? 교육 시스템의 진실은, 교육과정이란 학생들이 아니라 학교의 이익을 위해서 존재한다는 점이다. 교육과정은 학생들을 위해 좋게 되어 있는 게 아니라 교사들을 위해서 편하게 되어 있어서 교사들은 이 방법을 사용한다. 숨겨진 커리큘럼은 수동적인 학생들을 길러낸다. 그것은 순종적인 학생들을 만든다. 수동적이고 순종적인 학생들은 다루기 훨씬 쉽고, 교사들과 학교 관리자들의 삶을 더욱더 편하게 한다.

예를 들어 교과서는 교사의 일을 훨씬 더 쉽게 만든다. 교과서를 사용함으로써 교사는 매일 수업을 위해 새로운 수업을 준비할 필요가 없다. 수업 계획 수립은 힘든 일이고, 교과서는 수업을 훨씬 쉽게 만든다. 교사는 최소한의 노력으로 교과서를 단순히 따라 한다. 많은 교사는 교과서 독자에 지나지 않는다. 매일 그들은 학생들에게 맹목적으로 수업 진도에 따라 교과서를 읽는다. 내 의견으로, 그들은 전혀 '교사들'이라고 부를 수 없다. 대신 아마도 우리는 그들을 '교과서 독자들'이라고 불러야만 한다.

학교를 위해, 교과서의 또 다른 이점은 배움을 표준화한다. 교과서를 사용함으로써, 학교는 모든 영어 수업이 정확히 같은 것을 배우고 있다는 것을 보장한다. 학교 임원들은 이런 방식을 좋아한다. 왜냐하면 그것은 학생들을 더 쉽게 시험 보게 하고 순위를 매길 수 있기 때문이다. 학교는 마치 공장과 같아서 책임자들은 모든 것들이 같아지기를 원한다.

시험과 성적도 마찬가지이다. 이것들은 영어 학습자들에게 거의 도움이 되지 않는다. 사실 이제껏 우리가 이야기했듯이, 시험과 성적은 스트레스를 증가시키고 실수를 하는 것에 대한 두려움을 만들어낸다. 시험과 성적은 '영어 트라우마'의 가장 근본적인 원인이다. 반면 시험과 성적은 교사들의 강력한 통제 수단이다. 학생들이 나쁜 성적으로 두려워할 때, 학생들은 교사에게 더욱더 복종한다. 그들은 교사가 항상 옳다고 배운다. 왜냐하면 만약 학생들이 교사의 대답에 동의하지 않으면 학생들은 낮은 점수로 처벌을 받는다.

성적은 학생들의 순위를 매기는 수단이다. 대부분의 교사와 관리자들은 모든 학생들이 성공하도록 돕는 것보다는 학생 순위에 더욱더 집중을 한다. 많은 학교에서 공식 정책은 모든 학급에서 특정 비율의 학생들이 낮은 성적을 받아야 하고, 특정 비율은 '중간 수준'의 성적을 받아야 하며, 소수의 학생들만이 우수한 성적을 받을 수 있다는 것이다. 다시 말하면 그 시스템은 대다수의 학생들에게 실패하도록 설계되었다.

태국 대학에서 일하고 있을 때, 나는 너무 많은 학생들이 높은 점수를 받았다고 상사로부터 직접 한소리를 들었다. 나의 상사는 내가 내 수업의 더 많은 학생을 불합격시켜야 한다고 주장했다. 나는 충격을 받았고 화가 났다. 고의로 열정적인 학생들을 불합격시키기보다는 내가 그 직장을 그만두었다. 슬프게도 이러한 '실패하도록 설계된' 사고방식은 전 세계 모든 곳의 학교에 존재한다. 학교는 순위를 매기고 학생들을 통제함으로써 혜택을 얻는다.

문법 번역식 방법도 또한 학생이 아니라 교사들에게 이익이다. 문법 규칙을 가르침으로써, 교사들은 간단히 교과서를 가지고 강의를 할 수 있다. 언어학은 복잡한 학문이기 때문에, 교사는 지식이 있는 것처럼 보이므로 학생들보다 우월한 위치를 확립할 수 있다. 비록 그 교사가 형편없는 영어 실력을 가진 비원어민이라도 책의 복잡한 문법을 가르침으로써 전문가처럼 보이게 할 수 있다. 충격적인 진실은, 사실 많은 비원어민 영어 교사들의 영어 실력이 매우 빈약하다는 점이다. 문법에 집중함으로써, 교사들은 말을 잘하지 못하는 것을 위장한다.

커뮤니케이션 활동은 어떠한가? 확실히 그것은 학생들을 돕도록 설계되었다. 실제로는 학생을 위한 것이 아니다. 우리가 이전에도 이야기했지만, 이러한 활동들은 자연스럽지 않다. 그 활동들은 실제 대화와는 전혀 다르기에, 학생들도 실제 대화를 경험할 준비가 되지 않는다. 그러나 커뮤니케이션 활동은 교사들에게는 중요하다. 교사는 학생들을 짝이나 그룹으로 나누고 그들에게 교과서 활동을 따라 하도록 요청한다. 종종 학생들은 책에 쓰인 대화문을 읽거나 혹은 이미 책에 미리 쓰인 질문에 대답한다. 교사들의 이점은 일단 그러한 활동이 시작되면, 교사들은 쉴 수 있고 아무것도 하지 않는다. 학생들이 교과서 활동을 하는 동안, 교사들은 휴식한다. 커뮤니케이션 활동은 시간을 보내고 수업을 피하기에 최고의 방법이라는 것이 영어 교사들 사이에서의 공공연한 비밀이다.

특히 끔찍한 커뮤니케이션 활동 중 하나는 영화의 사용이다. 정확히 사용한다면, 영화는 강력한 영어학습 도구가 될 것이다. 그러나 대부분의 교사는 영화를 단순히 시간을 낭비하는 방법으로 사용한다. 영화를 준비하고 불을 끄고 영화를 본다. 남은 수업 시간 동안, 교사들은 아무것도 하지 않는다. 학생들이 영화 대부분을 이해하지 못하더라도 영화를 보는 것이 문법보다도 훨씬 더 재미있기 때문에 학생들도 보통 행복해한다.

## 수동적이고 낮은 에너지는 교사들에게 이익이다

마지막으로 대부분의 학교에서의 소극적인 에너지 상황을 보도록 하자. 어린 시절부터, 학생들은 의자에 꼼짝 않고 몇 시간 동안 앉아 있어야 한다고 강요받는다. 조용히 해야 하고 말을 잘 들어야 한다고 들어왔다. 성인이 될 때 즈음, 대부분의 사람은 완벽히 훈련된다. 그들은 수동적인 강의와 소극적인 에너지를 학습의 정상적인 부분으로 받아들인다.

왜 학교와 교사들은 소극적인 에너지의 학생들을 원하는가? 다시 말하면, 소극적인 에너지를 가진 학생들이 다루기 쉽기 때문이다. 교사들은 호기심 많고, 열정적인 학생들과 더 열심히 일해야 한다. 슬프게도 대부분의 교사는 쉬운 방법을 더 좋아한다. 수동적인 학생들에게 조용히 강의하는 게 훨씬 더 쉽다.

사실 대부분의 교사는 피곤하고 스트레스를 받는다. 이것 때문에, 좀 더 쉽게 일하는 방법을 끊임없이 찾는다. 교사들의 첫 관심사는 학생이 아니다. 학생들의 더 좋은 결과를 위해서 집요하게 관심을 두지 않는다. 오히려 교사들은 가능한 쉽게 근무시간이 지나가기를 바란다. 이런 상황에 대해 많은 이유가 있겠지만, 어찌 됐든 학생들의 최종 결과는 지루함, 좌절감 그리고 나쁜 결과이다.

이것은 교육계의 추악한 진실이다. 수년간의 공부에도 불구하고 이것이 당신이 영어를 잘하지 못한 이유이다. 이것이 당신이 영어로 스트레스받고 어렵고 지루한 이유이다. 이것이 영어 트라우마의 원인이다. 이것이 문제의 근원이다.

행복하게도 솔루션이 있다. 인터넷은 모든 사람에게 독립적인 학습을 쉽게 해주었다. 당신이 어디에 살든지, 당신이 무엇을 하든지 상관없이 학교에 가지 않아도 영어를 정복하는 것은 가능하다. 당신에게 필요한 것은 인터넷 연결이다!

다음 챕터에서, 영어 트라우마에 대한 해결책을 소개하려고 한다. 당신은 치료하는 방법과 영어 말하기로 원하는 결과를 얻는 방법을 배우게 된다.

*chapter*

# 03
# 심리는 문법과 단어보다도
# 더 중요하다

대부분의 사람들은 너무나 오랫동안 영어로 고통을 받아왔기 때문에 해결책이 없다고 걱정한다. 학교에서 수동적이고 실수를 두려워하며, 정답을 하나만 찾도록 훈련받은 대부분의 영어 학습자들은 스트레스와 좌절감을 느낀다. 몇몇은 거의 희망이 없다고 생각한다. 그들은 영어 교실에서 수년간의 시간을 보냈다. 문법 규칙과 어휘 리스트를 암기하느라 수년간을 투자해 왔다. 토플TOEFL, 아이엘츠IELTS 혹은 토익TOEIC과 같은 시험을 공부하느라 수년간을 보내왔다.

이런 모든 일과 노력에도 불구하고, 대부분의 영어 학습자들은 좌절한다. 많은 사람이 심지어 간단한 대화조차 힘겨워한다. 영어를 반드시 말해야만 할 때는 언제나 초조함을 느낀다. 수많은 문법 규칙을 기억하지만 여전히 간단한 대화조차 어렵게 느껴진다. 마찬가지로 수년간의 공부에도 불구하고, 대부분의 학습자는 미국 TV 혹은 영화를 여전히 이해하지 못한다.

수년간 전통적인 영어학습을 한 이후에 학생들은 혼란스러워한다. 말을 하려고 할 때 문법과 번역에 대해 끊임없이 생각한다. 처음에 자신의 모국어로 문장을 생각하고, 그런 후에 영어로 번역을 한다. 그리고 문법에 대해서 생각을 하며, 마지막으로 말을 한다.

들을 때에도 비슷한 절차로 진행이 된다. 영어로 듣고 그것을 자신의 모국어로 번역을 한다. 모국어로 응답을 생각하고, 그 응답을 영어로 번역한다. 그리고 그 응답이 정확한지 문법을 생각한다. 그들의 말이 그렇게 느리고 부자연스러운 것은 당연하다. 영어가 그렇게 스트레스받고 어려운 것은 당연하다. 실제 대화는 빠르므로, 이 모든 생각을 충분히 빨리하는 것은 거의 불가능하다. 특히 원어민과 대화할 때 말이다.

실제 대화 시에 번역과 문법을 생각한다면, 당신은 곧 길을 잃게 될지도 모른다. 다른 사람의 말을 주의 깊게 듣는 것 대신, 당신은 응답을 번역하려고 할 것이고 문법을 기억하려고 노력하게 되어 당신의 말은 주저하게 된다. 종종, 다른 사람은 당신의 이해 부족으로 불만스러워한다. 물론 다른 사람이 인내심을 잃어가고 있는 것을 본다면, 당신은 더욱더 불안해질 수 있다. 그것은 대부분의 영어 학습자들이 너무나 잘 아는 끔찍한 악순환이다.

여기 솔루션이 있다. 숨겨진 커리큘럼을 탈출할 방법이 있다. 영어를 유창하게 할 길이 있고 당신은 그 길 위에서 여행할 수 있다. 당신은 영어를 강력하게 말할 수 있다. 영어를 명확하게, 자연스럽게, 노력 없이 말할 수 있다. 그러나 이 해결책은 교육에 대한 당신의 믿음과 영어를 배우는 방법을 완벽하게 변화시키기를 요구할 수 있다.

나는 그 해결책을 '노력이 필요 없는 영어' 시스템이라고 부르고 그것은 심리와 방법, 2가지 파트로 구성이 되어 있다. 대부분의 학교, 대부분의 교사, 대부분의 학습자는 오로지 방법에만 집중한다. 다시 말해 그들은 오로지 영어의 부분, '어휘와 문법' 같은 것에만 집중을 하고 있다. 우리가 지난 시간에 배웠듯이, 학교는 몇몇 '커뮤니케이션 활동'과 함께 주로 '문법 번역식' 방법을 사용한다.

학교가 오로지 방법에만 집중하는 동안, '노력이 필요 없는 영어' 시스템의 첫 번째 부분인, 심리를 완전히 무시한다. 그러나 심리는 아마도 영어 말하기 성공을 위한 가장 중요한 요소이다. 당신의 영어 말하기를 생각해 보면 초조함, 자신감 부족 그리고 좌절이 중요한 문제라는 것을 알고 있을 것이다. 어떻게 당신은 이것들을 변화시킬 것인가?

효과적인 심리적 시스템이 없이는, 당신은 최고의 언어 학습 방법이 있더라도 성공하기 어려울 것이다. '노력이 필요 없는 영어'의

이 2가지 중요한 부분을 이해하기 위해서 한 가지 예를 들어본다. 당신이 길 위에 있다고 상상을 하자. 당신은 영어 유창성으로 가는 길에서 운전 중이다.

당신은 어떤 종류의 차를 원하는가? 자주 고장이 나는 낡고 느린 차를 운전해야 한다고 가정해 본다. 게다가 당신은 이 낡은 차를 값싼 가솔린으로 가득 채운다. 어떤 종류의 여행을 하게 될까? 유창성으로 가는 이 길 위를 얼마나 빨리 갈 수 있을까? 아마 당신의 여행은 잦은 고장으로 인해 느리고 불만족스러울 것이다. 사실 당신은 아마도 목적지에 도착하지 못할 수도 있다.

지금 당신은 그 낡은 차에 고품질의 가솔린을 넣을 수 있지만, 그렇게 해도 목적지까지 도달하는데 오랜 시간이 걸릴 것이다. 좋은 가솔린은 약간 도움이 될 수 있을지 모르나 그 여행은 여전히 느리고 불만족스러울 수밖에 없다.

이제 대신, 당신이 유창함으로 가는 이 길 위에서 '포뮬러 원 경주용 자동차'를 운전하고 있다고 상상해 본다. 이 차는 스피드와 성과를 위해 만들어졌다. 분명히 낡고 느린 차보다 빠르게 간다. 그러나 만약 당신이 싸고 질 낮은 연료를 가득 채운다면 어떨까? 문제가 있을 수 있다. 경주용 자동차들은 경주용 연료가 필요하다. 그렇지 않으면 좋은 결과를 내지 못한다.

분명히 가장 좋은 상황은 '포뮬러 원 경주용 자동차'에 고품질의 레이싱 연료를 넣는 것이다. 경주용 차와 이 연료가 함께 하면, 유창함으로 가는 당신의 여행은 빠르고 흥미진진해진다.

이것이 영어를 배우는 것이 작동하는 방식이다. 오랫동안 영어 공부를 해왔다면, 지금쯤은 온갖 종류의 시스템이 있다는 것을 안다. 대학에서의 전통적인 수업, 언어 스쿨의 개인 수업, 온라인 또는 패키지 소프트웨어 과정, 당신이 공부하고자 하는 언어를 사용하는 국가에서 공부하는 몰입 프로그램. 다시 말해 선택할 수 있는 많은 다른 자동차를 가지고 있다. 몇몇은 다른 것보다 좋다. 어떤 것들은 더 빠를 수 있다. 그러나 이런 방법들 중 가장 훌륭하다는, 언어교육의 페라리라고 불리는 최고의 방법조차도 만약 원한다면, 작동하는데 연료가 필요하다.

방법은 결국 엔진일 뿐이다. 만약 당신이 엔진에 적절한 연료를 주지 않는다면, 심지어 훌륭한 엔진이라도 당신이 원하는 방식으로 동작하지 않을 가능성이 많다. 성공하기 위해서, 당신은 퀄리티 있는 연료와 강력한 엔진 둘 다 필요하다.

## The right engine + the right fuel = success
### (올바른 엔진+올바른 연료=성공)

명확히 나는 올바른 엔진은 '노력이 필요 없는 영어' 시스템이라고 믿는다.

연료는 무엇인가? 연료는 당신의 심리이다. 그것은 믿음, 감정 그리고 배움을 강력하게 하는 목표이다. 당신의 연료는 동기, 자신감, 에너지, 열정이다.

## 당신의 연료 : 성공 심리

만약 당신의 심리가 약하다면, 심지어 최고의 방법이라도 실패한다. 다시 말하면 스트레스, 두려움, 영어 말하는 과정에 대한 의심을 당신이 가지고 있다면 당신은 많은 문제점을 가지게 된다. 불행하게도 이런 일은 대부분의 학교에서 정확히 일어난다. 테스트, 실수 교정, 지루함 그리고 학교에서 사용되는 비효율적인 방법들은 대부분의 학생에게 강한 부정적인 감정을 만들어 낸다.

비록 당신이 '노력이 필요 없는 영어' 방법을 사용하고 있더라도, 당신은 강한 심리를 가지고 있어야 한다. 만약 당신이 적절한 감정적 에너지를 언어학습 과정에 가져오지 않는다면, 영어 방법만으로 충분하지 않다.

'노력이 필요 없는 영어' 시스템은 'NLP(신경 언어학 프로그래밍, Neuro-Linguistic Programming)'라고 알려진 성공 심리학 시스템에 기반을 두고 있다. 리처드 밴들러Richard Bandler와 존 그린더John Grinder에 의해 개발된 NLP는 성공 심리학, 고효율성, 동기에 집중하고 있다. 밴들러와 그린더는 정신적으로 아픈 사람들을 연구하기보다 세계에서 가장 성공한 사람들의 심리를 연구했다. 그리고 그들은 개개인들이 그들의 삶 속에서 성공과 행복의 가장 높은 단계를 성취할 수 있도록 하기 위해서 심리학적인 시스템을 개발했다.

밴들러와 그린더는 행복하고 동기가 있고 열정적인 사람들이 더 잘 배운다는 것을 발견했다. 그들은 더 잘 수행한다. 그들은 삶의 모든 분야에서 더 많은 성공을 이룩한다. 그 반대 또한 진실이다. 만약 당신이 지루하고 스트레스받고 슬프고 좌절하고 심지어 피곤하다면, 당신의 뇌는 실제로 더욱더 느리게 반응을 하고 정보를 기억하는데 더욱더 힘이 든다.

명확히 부정적인 것보다는 언어를 배우고 말하는 과정에 있어서 긍정적인 감정을 가지는 것은 중요하다. 감정을 경험이나 과정에 연결하는 절차를 '닻을 내린다(앵커링, anchoring)'고 한다. 닻을 내리는 것은 긍정적일 수도 부정적일 수도 있다. 예를 들어 당신이 매우 행복할 때 특정한 노래 한 곡을 듣고 있다고 상상해 보라. 감정이 너무 충만하다면, 음악과 감정 사이에 연결이 형성된다. 그리고 당신이 행복할 때 그 노래를 다시 들으면, 그 연결은 더욱더 강해진다.

결국 당신은 음악과 행복한 감정 사이의 강한 연결을 만들었다. 그 노래를 들을 때마다, 자동으로 당신의 감정이 행복함을 발견하게 된다. 그것은 당신이 가장 좋아하는 노래에서 일어나고 정말 기분이 좋다!

그러나 이러한 과정은 부정적인 감정에서 또한 작동한다. 당신이 영어 수업에서 스트레스를 받는 경험을 하는 걸 상상해 본다. 아마도 당신이 말할 때 교사들이 당신의 실수를 지적한다면 당황하게 된다. 이제 영어 수업에서 이러한 부정적인 감정 경험을 계속한다고 상상해 본다. 당신은 영어를 배우는 동안 자주 지루하고 초조하고 스트레스를 받는다.

결국 영어와 부정적인 감정 사이에 강한 연결이 형성된다. 이것은 부정적인 닻이다. 일단 이런 것이 연결되면, 당신이 영어를 사용하려고 할 때마다 자동으로 더욱더 초조하고 스트레스를 받기 시작할 것이다. 이것이 바로 많은 '고급' 영어 학습자들이 말을 하려고 할 때 여전히 많은 곤란을 겪는 이유이다.

슬프게도 대부분의 학습자는 지금도 그들의 영어 말하기와 연관된 강한 부정적인 닻을 가지고 있다. 좋은 소식은 부정적인 닻은 제거될 수 있고 재프로그램될 수 있다. 사실 이것이 강력하게 영어 말하기를 하는 첫 번째 단계이다.

불안함을 느끼는 대신에, 만약 당신이 영어를 말할 때 불현듯 그리고 무의식적으로 강렬함을 느낀다고 상상해 본다면? 만약 당신이 영어를 배울 때마다 더욱더 흥분한다면 어찌 될까? 이러한 변화만으로 당신의 말하기는 향상되게 된다.

앵커링(닻을 내리고 있는 상태, anchoring)을 통해서, 당신은 사실 이 강렬한 감정을 영어에 연결할 수 있다. 부정적인 닻을 끊고 새로운 긍정적인 닻을 만드는 비밀은 강렬함이다. 감정을 더욱더 강렬하게 느낄수록(영어를 사용하는 동안), 연결은 더욱더 빨라지고 깊어진다.

그래서 영어를 위해 강하고 긍정적인 닻을 만드는 것은 몇 가지 단계를 요구한다.

첫 번째로, 당신은 반드시 매우 강렬하고 긍정적인 감정을 만들어야 한다. 대부분의 사람은 감정이 우연히 일어나는 것이라고 믿는다. 그러나 사실은, 우리가 감정을 만든다. 감정을 선택하고 의식적으로 만들어 내는 것도 가능하다.

예를 들어 만약 당신이 지금 당장 피곤하거나 슬프기를 원한다면, 무엇을 하면 될까? 몸으로 시작해 보자. 어떻게 몸을 써서 피곤하거나 슬픈 감정을 만들어 낼까? 어깨를 뒤쪽으로 당기거나 혹은 어깨를 앞쪽으로 구부린다면? 위를 보거나 혹은 아래를 본다면? 미소를 짓거나 얼굴을 찌푸린다면? 사실 단순히 몸을 변화시킴으로써 당신은 감정을 변화시킬 수 있다.

당신 스스로를 더욱더 나쁘게 느끼기 위해서, 슬프거나 부정적인 것을 생각하라. 아마도 당신이 가지고 있는 큰 문제나 혹은 큰 후회에 대해서 생각할 수 있다. 그리고 목소리는 어떤가? 신음을 내거나 울거나 징징거릴 수 있다. 그것들은 당신을 훨씬 기분 나쁘게 만들 것이다.

몇 분 동안 위의 모든 것을 다한 후에, 당신은 정말로 더 슬프고 더 피곤해지기 시작한다. 이것이 당신에게 의식적으로 부정적인 감정을 만드는 방법이다.

물론 이 과정은 긍정적인 감정에도 역시 작동을 한다. 그것은 반가운 소식이다! 어떻게 당신이 지금 당장 더욱더 기분 좋게 만들 수 있을까? 다시, 몸으로 시작하자. 어깨를 뒤로 당기고 가슴을 펴라. 고개를 들고 똑바로 앞을 보아라. 얼굴에 큰 미소를 띠고 유지하라.

다음 당신의 생각을 변화시켜라. 당신 삶에서 어떤 멋진 것을 생각하라. 당신이 지금껏 했었던 가장 큰 성공을 생각하라. 강력한 영어 말하기에 성공한 당신의 미래를 생각해 보라. 더 크게 웃어라. 처음에 당신은 단지 흉내만 내지만 결과적으로 당신은 더 강하고 행복하게 느낀다. 그것은 당신의 몸이 변할 때 감정도 변화하기 때문이다. 그것은 단순한 기술이다.

물론 당신은 몸을 더 많이 씀으로써 훨씬 더 기분이 좋아질 수 있다. 단순히 서 있거나 미소 짓는 것 대신에, 팔을 머리 위로 올려라. 그리고 나서 마치 큰 승리를 축하하듯이 공중으로 뛰어라. 그리고 목소리를 사용해라. 뛸 때 크게 소리 지르고 응원해라. 그리고 미소 짓고 멋진 것들을 생각해라. 미친 듯이 느껴라! 이것을 '최고조의 감정 상태 Peak emotional state', 매우 강렬한 긍정 상태라고 부른다.

물론 최종 단계는 이 멋진 감정을 영어와 연결하는 것이다. 그래서 멋진 감정을 느끼면서, 즉시 쉬운 영어 오디오 파일을 듣기 시

## Effortless
## English

당신은 어디로 가고자 하는지 안다. 노력이 필요 없는 영어는 그곳에 빠르게 가도록 도울 수 있다.

노력이 필요 없는 영어는 흥미로운 시스템이다.

**목적지 : 영어 말하기 유창성**
빠르고, 자신감 있고 자동화된 영어 말하기

**당신은 사용해야만 한다…**
모터(교습 방법)과 가솔린(감정과 동기)

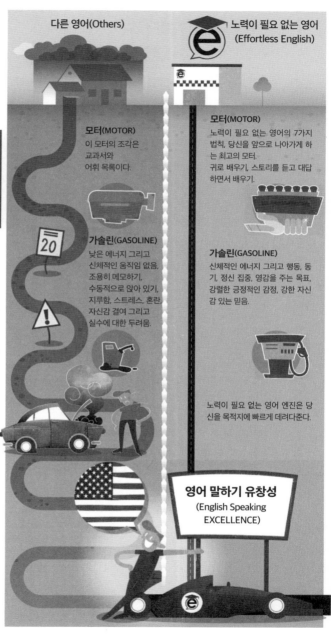

다른 영어(Others)

노력이 필요 없는 영어
(Effortless English)

**모터(MOTOR)**
이 모터의 조각은 교과서와 어휘 목록이다.

**가솔린(GASOLINE)**
낮은 에너지 그리고 신체적인 움직임 없음, 조용히 메모하기, 수동적으로 앉아 있기, 지루함, 스트레스, 혼란, 자신감 결여 그리고 실수에 대한 두려움.

**모터(MOTOR)**
노력이 필요 없는 영어의 7가지 법칙, 당신을 앞으로 나아가게 하는 최고의 모터. 귀로 배우기, 스토리를 듣고 대답하면서 배우기.

**가솔린(GASOLINE)**
신체적인 에너지 그리고 행동, 동기, 정신 집중, 영감을 주는 목표, 강렬한 긍정적인 감정, 강한 자신감 있는 믿음.

노력이 필요 없는 영어 엔진은 당신을 목적지에 빠르게 데려다준다.

**영어 말하기 유창성**
(English Speaking EXCELLENCE)

작한다. 당신이 듣고 있을 때 계속 미소 짓고, 당신의 몸을 강하게, 긍정적인 방법으로 움직여라.

매일 영어 공부를 시작하기 직전에, 당신은 이 최고의 감정을 만들어 낸다. 매일 이 과정을 당신이 반복할 때, 긍정적인 감정이 영어와 연결된다. 결국 당신이 영어를 듣거나 사용할 때마다, 자동으로 에너지가 느껴지고 긍정적이고 열정적인 것을 느낀다. 당신은 오래된 부정적인 닻을 깨고 새로운 긍정적인 닻으로 대체한다.

그리고 더 좋은 소식이 있다. 연구에 따르면 학습하는 동안 활기차고 에너지가 넘치는 사람들은 실제로 더 빨리 배운다는 것을 보여 준다. 그들은 더 많이 기억하고 더 오래 기억한다. 그들은 더 잘한다. 사실 당신은 단지 감정 상태가 최고조에 도달하는 것만으로도 지금 당장 영어를 더 잘할 수 있다. 그러므로 영어에 긍정적인 닻을 만드는 것은 유창함으로 가는 길로 더 빨리 여행하기 위한 첫 번째 단계이다.

## 왜 행복한 학생들이 더 많이 배우는가

남부 캘리포니아 대학의 언어학자이자, 제2언어 학습에 관한 최고 연구자 중 한 명인 스티븐 크라센Stephen Krashen 박사는 부정적인 감정이 필터 역할을 해서 당신이 배우고자 하는 새로운 언어의 입력 양을 줄일 수 있다고 믿고 있다. 그 결과 기분이 나쁘거나 불안하거나 걱정하는 학생들은 어휘를 덜 기억하고 말을 잘하지 못한다. 근본적으로 그 학생들은 더욱더 늦게 배운다.

이에 대응하기 위한 가장 좋은 방법은 학생들의 흥미를 유지하고, 교실에서의 스트레스를 줄이고 학습자들의 자신감을 높이는 것이라고 크라센은 말한다.

어느 날 연구자들은 수업 시간에 에너지가 넘치고 스스로 즐기는 학생들의 성과와 단지 교재에 반복 훈련된 학생들의 성과를 비교했을 때, 에너지가 넘치는 학생들이 더 잘하는 것을 발견했다. 그 결과는 3개월, 6개월 후에 이 학생들을 다시 시험했을 때에도 마찬가지였다.

나는 우리의 '노력이 필요 없는 영어 클럽' 커뮤니티에서도 동일한 것을 본다. 당신이 우리의 가장 성공한 구성원을 보면, 당신도 공통적인 요인을 발견할 수 있다. 그들은 모두 상당히 열정적이다. 그들은 많은 에너지를 가지고 있다. 그들은 매우, 매우 긍정적이다. 그들은 매우 강한 긍정적인 감정을 가지고 있다. 당신이 최고의 감정을 사용할 때, 당신은 지금보다 더 잘 말할 수 있다.

그러므로 당신이 영어를 공부할 때 매번, 매시간 최고조의 감정 상태를 만들어라. 당신의 몸을 변화시키고 정신 상태를 흥분과 긍정적인 에너지로 만들기 위해 집중하라. 영어와 당신의 가장 긍정적인 감정 사이에 강한 닻, 강한 연결을 구축하라. 당신의 영어 트라우마를 치료하라.

# chapter
# 04
# 당신의 믿음이
# 영어 성공을 결정한다

　　　　　　　　　　지난 챕터에서, 당신은
영어 말하기 성공을 위해서 연료의 중요성인 심리를 배웠다. 또한
당신은 어떻게 영어에 강한 긍정의 감정을 연결하는지도 배웠다.

　　최고조의 감정과 더불어, 영어를 강력하게 말하기 위해서 반드
시 익혀야 할 심리의 또 다른 중요한 요소가 있다. 믿음이다. 믿음
은 우리의 가장 강력한 '뇌 프로그램'이다. 믿음은 우리의 결정, 감
정 그리고 생각에 영향을 미친다. 그것들이 우리에게 무엇이 가능
한지 혹은 그렇지 않은지를 말해준다. 우리를 성공으로 이끌기도
혹은 실패에 이르게도 한다.

　　우리는 믿음을 2개의 일반적인 범주로 나눌 수 있다. '제한하는

믿음-limiting beliefs'과 '강화하는 믿음-empowering beliefs'이다. 제한하는 믿음은 전형적으로 당신의 잠재력과 성과를 제한하는 부정적인 '프로그램'이다. 다시 말해 제한하는 믿음은 당신의 성공을 제한한다.

숨겨진 커리큘럼은 영어에 대한 가장 부정적인 믿음의 근원이다. 오랜 시간에 걸쳐, 학교는 계속 학생들의 마음에 제한하는 믿음을 기록한다. 학교에서 몇 년을 보낸 후, 대부분의 학생은 이러한 제한적인 믿음의 일부 또는 전부를 가진다.

- 영어는 복잡하고 어렵다.
- 영어를 잘 말하는데 많은 시간이 걸린다.
- 영어로 인해 스트레스를 많이 받는다.
- 문법 공부는 영어 말하기의 핵심이다.
- 나는 영어를 잘 못한다.
- 하나의 정답만이 있다. 영어를 말하는데 하나의 올바른 방법만이 있다.
- 내가 영어를 잘 못하기에 무엇인가 나에게 문제가 있다.
- 나의 성적이 낮다. 그래서 나는 영어를 잘 말하지 못한다.
- 영어를 배우는 최고의 방법은 교실에 앉아서 노트에 적고, 교과서를 읽는 것이다.
- 단지 몇몇 특별한 사람들만이 강력한 영어 말하기를 배울 수 있다.

- 영어를 배우는 것은 지루하고 좌절스럽다.

이러한 부정적인 믿음의 문제는 영어에 대한 부정적인 감정을 이끌어낸다. 부정적인 믿음과 감정은 나쁜 결정을, 그리고 나쁜 결정은 실망스러운 결과를 이끌어낸다.

예를 들면 영어가 스트레스받고 복잡하고 어렵다고 믿는 사람들은 매일 열심히 하는 것에 동기부여를 받지 않는다. 오히려 그들은 영어 배우기를 억지로 하면서 끊임없이 몸부림친다.

단지 몇몇 특별한 사람들만이 영어에 통달할 수 있다고 느끼는 사람들은 아마 매우 빠르게 좌절감을 느낄 것이다. 그들은 무엇인가 자신들에게 잘못이 있고, 자신들은 '영어를 잘 못한다.'고 추측한다. 다시, 그들의 과정은 느려지게 된다.

마지막으로 수업, 교과서 문법 공부가 핵심이라고 믿는 사람들은 유창함의 길 위에서 오래된 느린 차를 몰면서 결코 성공에 이르기 어려운 비효율적인 방법을 사용해서 수년간을 보낸다.

이것이 바로 믿음이 중요한 이유이다. 믿음은 감정, 결정, 행동을 만들어 내는 뇌의 중심이 되는 프로그램이다. 믿음은 영어에 대한 궁극적인 성공과 일평생 좌절의 차이를 만들어 낸다.

믿음은 경험이 의미하는 게 무엇인지 알려준다. 당신이 영어 경험을 할 때마다, 당신의 뇌는 무슨 일이 일어났는지의 의미를 반드시 결정해야 한다. 다시 말해 당신의 뇌는 경험을 일반화시킨다. 당신의 뇌는 그 사건이 당신의 삶 전체에 어떤 의미가 있는지 결정한다. 그리고 각각의 부정적인 경험을 통해 믿음은 점점 더 강해진다. 결국 당신은 믿음에 대해 완전한 확신을 가지게 된다.

예를 들어 어쩌면 당신은 영어 교사에 의해 반복적으로 지적받아 왔을 수 있다. 매번 이런 당황스러운 경험 후에, 당신의 뇌는 무슨 일이 일어났는지의 의미를 결정해야만 한다. 이러한 사건을 기반으로 해서, 당신은 '영어를 못한다'라고 결정한다. 아마도 당신은 영어가 고통스럽고 스트레스받는 것이라고 결정한다. 각각의 부정적인 경험이 믿음을 강하게 만든다.

문제는 이러한 믿음이 그 후의 모든 영어 경험에 영향을 미쳤다는 사실이다. 그래서 영어와 다시 마주칠 때마다 항상 이런 부정적인 제한하는 믿음이 있었다. 이 때문에 당신은 자동적으로 모든 새로운 영어의 경험을 더 부정적으로 보게 되었다. 만약 당신의 믿음이 강하게 부정적인데 그것을 바꾸지 않는다면, 당신은 영어 사용자로서 성공할 수 있는 능력을 완전히 상실할 수 있다. 많은 영어 학습자들은 희망을 완전히 잃고, 쉽게 그만둔다. 결코 성공하지 못한 채로……

그러므로 당신은 제한된 믿음을 강력하게 강화하는 믿음으로 교체해야 한다. '강화시키는 것Empowering'은 '힘을 부여하는 것'을 의미한다. 그래서 강화된 믿음은 당신에게 힘을 주는 것이다.

영어 말하기 성공을 위해 당신에게 필요한 강화하는 믿음에는 무엇이 있는가?

여기 예문 목록이 있다.


- 영어는 쉽고, 재밌고, 흥미진진하다.
- 나는 대략 6개월 안에 영어를 유창하게 말할 수 있다.
- 실수는 정상적이고 필요하다. 심지어 원어민도 실수한다.
- 시험 점수가 아니라 의사 소통이 영어 말하기의 목적이다.
- 문법 공부는 영어 말하기를 죽인다.
- 누구나 강력하게 영어 말하기를 배울 수 있다.
- 나에게 잘못된 것은 없다. 나는 단지 나쁜 방법을 사용하고 있었고 나는 그것을 바꿀 수 있다.


이런 믿음들이 얼마나 강력한지 당신은 알 수 있다. 이런 믿음들이 제한하는 믿음보다도 성공을 만드는데 더욱더 가능성이 있다는 것도 알 수 있다. 당신은 아마도 이러한 믿음들이 만들어 내는 자신감과 흥분의 더 큰 감정을 상상할 수 있을 것이다. 그러나 어떻게 당신은 이런 믿음을 만들 수 있을까? 분명히 강화하는 믿음은 더욱더 가치가 있다. 그러나 어떻게 진정으로 당신의 마음에 기억되게 할 수 있을까?

믿음을 변화시키는 하나의 강력한 방법을 '모델링modeling'이라고 부른다. 모델링은 성공한 사람을 찾아서 그들을 주의 깊게 연구하는 것이다. 예를 들어 만약 영어를 강력하게 말하고 싶다면, 영어를 배운 다른 사람을 찾는다. 당신은 그들에게 배운다. 그들이 무엇을 했는지, 어떻게 그것을 했는지를 배운다. 가능하다면 그들과 이야기를 하고 그들의 심리와 방법을 배워라. 물론 마지막으로, 그들이 했던 것을 정확하게 따라 하면서 최선을 다한다.

성공한 사람들을 더 많이 모델링할수록, 당신의 믿음은 더욱더 자동적으로 변화하게 된다. 실패 대신 성공에 집중함으로써, 점차적으로 뇌에 다시 기억될 것이다. 이것이 내가 '노력이 필요 없는 영어 클럽Effortless English Club'을 만든 이유이다. 우리의 커뮤니티 안에서, 가장 성공한 멤버가 새 멤버를 인도하고 조언해 준다. 이 책이 당신의 믿음을 바꾸는데 도움이 되기를 바라지만 성공을 거둔 당신과 같은 다른 사람의 말을 듣는 것보다 더 강력한 것은 없다.

지금 당신이 해야 할 일은 성공한 영어 사용자를 찾아서 그들을 모델로 삼는 것이다. 어쩌면 당신의 도시에서 발견할 수도 있다. 당신은 분명히 온라인에서 그들을 찾을 수 있다. 당신이 그들을 발견할 때, 그들의 믿음과 방법들을 물어보아라. 그들의 심리와 성공도 연구를 해라. 이것이 '노력이 필요 없는 영어'를 개발할 때 정확히 내가 했던 방법이다. 나는 가장 성공한 영어 학습자를 연구했다. 그들을 직접 인터뷰했으며 그들의 감정, 믿음, 목표 그리고 학습 방법을 연구했다. 이것이 내가 실패가 아닌, 성공에 기반한 시스템을 만든 방법이다.

기억해라. 믿음은 우리가 경험에 붙이는 의미에 의해 만들어진다. 부정적인 경험에 집중하고 생각을 더 많이 할수록, 제한하는 믿음이 더 강하게 온다. 같은 방식으로 강화하는 믿음도 만들 수가 있다. 다시 말하면 당신은 긍정적인 믿음을 만들고 강화하기 위해서 '선택적 기억 selective memory'을 사용할 수 있다.

어떻게 이것을 하는가? 단순히 영어에 대한 당신의 모든 과거 경험을 검토함으로써 가능하다. 과거의 경험 모두를 기억할 때, 긍정적인 어떤 기억을 찾아라. 아마도 재미있는 활동을 기억할지도 모른다. 아마 당신은 영어로 된 짧은 이야기를 읽는 걸 즐겼을 수 있다. 긍정적인 경험이 기억이 날 때, 그것을 적는다. 영어로 경험한 모든 긍정적인 경험의 목록을 만든다.

대부분의 사람들은 적어도 몇 개의 경험을 발견하게 된다. 다음 단계는 당신의 관심을 매일 이 기억에 집중하는 일이다. 매일 긍정적인 영어 기억 목록들을 검토해라. 각 경험을 기억해라. 마음속에 있는 각각의 것을 보고 그 긍정적인 감정들을 다시 느껴라.

그리고 난 후 영어에 대해 새롭게 강화하는 믿음을 적어라. "영어는 쉽고 재미있다."라고 쓸 수도 있다. "나는 영어 배우는 것을 즐긴다. 그리고 나는 영어를 잘한다."라고 쓸지도 모른다. 이 믿음을 목록 맨 위에 쓰고 매일 검토해라.

물론 당신이 영어에 새로운 긍정적인 경험을 가질 때마다 목록에 그것을 추가해라. 당신의 목록은 점점 더 길어진다. 그리고 그 목록이 증가할 때, 당신의 강화하는 믿음은 점점 강해진다.

우리는 모두 '무가치한 데이터를 넣으면 무가치한 데이터가 나온다 garbage in, garbage out'라는 컴퓨터 용어를 안다. 믿음은 우리의 뇌 프로그램이다. 무가치한(부정적으로 제한하는) 믿음은 부정적인 감정, 나쁜 결정 그리고 낮은 동기를 만든다. 이것은 결국, '무가치한 데이터', 즉 끔찍한 결과를 만든다. 그 나쁜 결과는 새롭고 더 강한 부정적인 믿음을 만들어 내고 전체 사이클이 다시 시작되면서, 더 나빠진다. 이것을 '악순환 downward spiral'이라고 한다.

반면에 긍정적인 믿음은 선순환 upward spiral을 만든다. 강화하는 믿음은 더욱더 긍정적인 감정, 더 좋은 결정 그리고 더 좋은 동기를 만든다. 결국 이것은 더 좋은 결과이다. 더 좋은 결과는 더욱더 강력한 강화하는 믿음을 만든다. 전체 사이클이 계속 반복되고, 매번 강해진다. 이 선순환이 영어 성공의 빠른 열쇠이다.

*chapter*

# 05
# 영어는
# 신체적인 스포츠이다

숨겨진 커리큘럼의 가장 큰 문제점은 학교가 영어를 학문적인 과목으로 가르친다는 사실이다. 학교에서, 당신은 영어를 공부한다. 당신은 언어의 부분(문법, 어휘 등등)들을 분석한다. 당신은 이러한 지식에 대해 시험을 본다.

문제는 영어가 공부해야 할 과목이 아니라는 사실이다. 영어는 행동하거나 '경기'하는 기술이다. 말하는 것도 당신이 행해야 하는 것이지 분석하고 생각하는 것이 아니다. 아마도 당신은 이미 그 문제를 알고 있을 수 있다.

실제 영어 대화는 매우 빠르고 예측이 불가능하다. 상대방이 빠르게 말을 하면 당신은 그들이 말하는 것을 정확히 알지 못한다. 당신은 듣고 이해하고 응답하는 것을 거의 즉각적으로 해야만 한다. 문법, 번역, 영어교실에서 배웠던 어떤 것도 생각할 시간이 없다.

영어 대화는 축구를 하는 것에 더 가깝다. 축구 선수들은 반드시 거의 즉각적으로 행동하고 반응해야 한다. 선수들은 직감적으로 게임을 해야만 한다. 축구 선수는 경기를 잘하기 위해서 물리학 공식을 공부하지 않는다. 그들은 행동함으로써 배운다. 그들은 축구 '경기를 하지' '공부하지' 않는다.

영어 말하기를 위해서 문법 규칙을 공부하는 것은 마치 축구 선수가 축구를 하기 위해서 물리학을 공부하는 것과 같다. 그것은 흥미로울 수도 있고 아닐 수도 있다. 그러나 확실히 실행에는 도움이 안 된다. 그래서 당신이 할 일은 영어 '공부'를 멈추고 영어 '경기'를 시작하는 것이다.

'노력이 필요 없는 영어' 엔진의 가장 중요한 부분은 당신의 연료라는 것을 기억하라. 공부하는 것보다 영어를 경기처럼 하는 학습은 강한 심리를 개발하고 유창함의 길로 훨씬 빠르게 가는 강력한 방법이다.

우리가 처음으로 연료에 대해 논의했을 때, 우리의 감정을 변화시키기 위해서 몸을 사용하는 방법을 배웠다. 사실 몸은 영어를 배우는데 가장 중요한(그리고 도외시된) 비결이다. 배우는 동안 신체적인 행동을 사용함으로써 더 빠르게 배우고 더 많이 기억하고 더 잘 말한다.

산호세 주립대학의 심리학자이자 명예교수인 제임스 애셔James Asher 박사는 언어를 함에 있어서 신체적인 행동은 실제로 학생들이 단어를 더욱더 잘 배우도록 돕는다는 것을 발견했다. 애셔 박사는 어린아이들이 어떻게 말하는지를 지켜본 후에 언어와 행동 간의 관계에 호기심을 가졌다. 부모가 어떤 것을 말할 때, 아이들이 일반적으로 단어와 약간의 행동을 함께 반응한다는 것을 주목했다. 그는 또한 아이들과 말을 할 때, 부모들도 자주 행동과 몸짓을 한다는 것도 주목했다.

자신의 연구와 관찰을 기반으로, 애셔는 교사가 몸짓과 함께 새로운 언어로 명령을 하면 학생들이 반응하는 '전신 반응 시스템Total Physical Response'을 개발했다. 이러한 행동은 구절의 의미를 강화하고 기억을 더욱더 쉽게 한다. 애셔 박사는 이 방법을 사용해서 학생들이 한 시간에 12~36단어를 배울 수 있다고 믿는다. 나는 나의 수업과 세미나에서 그 기법을 사용해서 비슷한 성공을 거두었다.

물론 이것은 대부분의 영어 수업에서 일어나는 것과는 반대이다. 학교에서 당신은 의자에 가만히 앉아 있으라는 말을 듣는다. 한 시간이나 그 이상을 앉아 있다. 자연적으로 오래 앉아 있을수록, 에너지는 더욱더 떨어진다. 에너지가 떨어질 때, 집중력 또한 떨어진다. 집중력이 떨어질 때, 학습량이 줄어들고 더 잘 잊는다. 당연히 이 낮은 에너지는 빈번히 지루한 느낌을 일으킨다. 부족한 움직임, 낮은 에너지, 집중력 저하 그리고 지루함은 자연스럽게 그 방법이 무엇이든지 간에 더 나쁜 결과를 만들어 낸다. 그래서 우리는 또 다른 악순환downward spiral을 가진다.

모든 사람들이 신체적인 학습으로 혜택을 받지만, 일부 사람들은 그것이 절대적으로 필요하다. 이러한 사람들을 '운동 감각성 학습자kinesthetic learners'라고 한다. 그들은 학습을 신체적인 움직임으로 연결할 때 가장 잘 배운다. 이러한 학습자들은 장시간 동안 움직임 없이 앉아 있도록 요구하는 전통적인 교실에서 힘겨워하는 경향이 있다. 학교와 교사들은 종종 이런 학습자들을 '학습불능자learning disabled' 혹은 '주의력 결핍 장애attention deficit disorder'라고 이름 붙인다.

그러나 이 문제는 운동 감각성 학습자들이 장애를 가져서가 아니다. 오히려 그 문제는 교습 장애, 즉 활동성 학습자들에게 비효율적으로 가르치는 학교의 실패이다.

나의 '노력이 필요 없는 영어' 세미나와 수업은 상당히 다르다. 많은 사람들은 그것들을 '영어 락 콘서트'라고 묘사한다. '노력이 필요 없는 영어' 세미나에서 우리는 점프하고 춤추고 소리 지르고 웃고 그리고 움직인다. 사실 내 세미나 중 하나에 15분 이상 앉아 있는 것은 드문 일이다. 나는 그들이 움직이기를 원한다. 그들이 에너지를 가지기를 원한다. 왜냐하면 나는 활동적이고 에너지가 넘치는 사람이 더 빨리 배우고 더 많이 배우고 더 오래 기억하고 더 잘 수행한다는 것을 안다.

기억하라. 영어는 행동 기술이지, 당신이 공부하는 과목이 아니다. 배우는 동안 당신의 몸을 더 많이 쓸수록, 당신은 더 많은 성공을 달성하게 된다. 영어를 배우는 동안 움직임을 사용하는 한 가지 방법은 '행동 어휘 방법Action Vocabulary method'을 이용하는 것이다. 이 방법으로, 특유의 신체적 움직임을 새로운 어휘 목록 단어에 연결한다. 단어(혹은 구절)를 소리치면서 움직임을 진행한다. 움직임은 그 단어의 의미를 상기시킨다.

이것을 반복적으로 함으로써 당신은 그 단어와 그것의 의미, 그리고 독특한 신체적 행동을 연결한다. 이러한 결합은 더 강하고 깊은 기억력을 만들어 더 빠르고 효율적인 어휘 학습 결과를 만든다. 이것은 단순히 긴 단어 목록을 기억하는 것보다 훨씬 더 효과적이다.

몸을 사용하는 또 다른 간단한 방법은 영어를 배우면서 걷는 것이다. 스마트폰을 당신의 휴대용 학습터로 만들 수 있다. 엉덩이를 붙이고 앉아 서서히 에너지를 떨어뜨리는 것 대신에 헤드폰을 끼고 영어를 배우면서 산책을 해라. 걸을 때 당신의 심장이 펌프질하게 되며 당신의 뇌는 더 많은 혈액을 공급받을 수 있다. 더 많은 에너지를 느끼게 되며, 더욱더 잘 집중하게 된다. 당신은 아마 더욱더 배움을 즐기게 될 수 있다.

학교의 오래된 방법에 제한받을 이유는 없다. 배우는 동안, 움직임 없이 앉아 있을 필요도 없다. 당신은 침묵을 유지할 필요도 없다. 지루해하거나 피곤해할 필요도 없다. 독립적인 학습자로서, 당신은 가장 효과적이고 가장 즐거운 방법을 배우는데 자유롭다. 당신은 당신 자신이 배움의 주인공이다. 즐겨라!

당신이 배웠던 최고조의 감정 연습을 기억하는가? 이것은 영어를 배우는 동안 당신의 몸을 사용하는 또 다른 훌륭한 연습 방법이다. 잠시 '에너지 충전' 시간을 가져라. 당신이 가장 좋아하는 활기찬 음악을 들어라. 점프하고 소리치고 웃고 몇 분간 환호하고 춤을 추어라. 완전히 몸을 충만하게 하고 최고의 감정을 만들어라. 그리고 계속해서 영어를 배워라. 이러한 에너지 충전을 영어를 배울 때마다 20~30분씩 가져라. 나는 당신이 더 좋은 결과를 얻을 거라고 확신한다.

아이들이 놀고 있을 때 지켜봐라. 아이들은 행복하고 에너지가 넘치고 활동적이다. 아이들은 놀면서 가장 잘 배운다. 아이들은 그들이 하는 모든 일에 놀이의 태도를 유지한다. 어린아이들은 큰 노력이나 규율이 필요하지 않다. 그들은 호기심으로 에너지가 넘치며 활동적으로 배운다. 그들은 놀면서 배우고 배우면서 논다.

이제 당신을 위해 아이들처럼 타고난 자질을 재발견할 시간이다. 성인이 되어서도 여전히 아이들처럼 배우는 것이 가장 좋다. 당신 역시 학습하는 동안 활동적이고 에너지가 넘칠 때 이점이 있다. 몸을 움직이고 놀면서 배울 때 역시 당신에게 유익하다. 책에 있는 기법들과 방법들을 사용할 때, 항상 재밌고 놀기 좋아하는 태도로 해라.

'노력이 필요 없는 영어' 시스템에는 두 개의 주요한 부분이 있다. 심리와 방법이다. 당신은 심리가 엔진을 움직이게 만드는 연료라는 것을 안다. 학습을 위한 더 높은 에너지를 만들기 위해 그 연료를 개발해야 한다. 당신은 그 연료를 만들기 위해 최고조의 감정 연결, 믿음, 신체적 움직임을 사용하는 방법을 배웠다. 활동적이고 놀기 좋아하는 태도의 중요성도 배웠다.

다음 챕터에서 영어학습을 위해 강력한 연료를 만드는 또 다른 심리 기술을 배우게 된다.

## 행동 어휘 목록 ACTION VOCABULARY

많은 학생들이 영어 어휘를 외우려고 시간을 낭비한다. 그들은 긴 단어 목록을 공부한다. 그들은 영어 단어와 번역된 의미를 기억하려고 노력하면서 여러 번 그 목록들을 반복한다. 불행하게도 이런 식으로 배운 어휘의 80%는 1년도 안 되어 잊어버린다는 연구 결과가 있다. 이것은 시간과 노력의 많은 낭비이다.

이러한 어휘 학습 방법에는 또 다른 문제가 있다. 그것은 바로 지루하고 장기적인 동기부여를 죽인다는 점이다. 학습자로서 당신은 반드시 주의해야 한다. 동기부여를 죽이는 것은 당신이 할 수 있는 가장 최악의 행동이다. 영어 배우기는 마라톤이고, 장기적인 일이다. 수년간을 유지하는 높은 레벨의 동기가 필요하다.

그러므로 지루한 어휘 학습 방법을 사용한다는 것은 두 배로 나쁘다. 그것은 비효율적이며 그리고 동기를 약화시킨다.

나의 혁신적인 세미나에서 참석자들이 알게 된 것처럼 더 좋은 방법이 있다. 훨씬 강력하고 매우 재밌는 방법으로 새로운 어휘를 배우는 것이 가능하다. 당신이 이 방법으로 배울 때, 연구에 따르면 1년 후에도 80%를 기억할 수 있다고 한다. 이 방법은 강력하다.

깊고 강력한, 장기 언어 학습의 핵심은 움직임이다. 이해 가능한 새 어휘와 강한 신체활동을 연결할 때, 뇌와 몸에서 서로 깊은 연결이 만들어진다. 이러한 연결은 장기적이다. 그것들은 오래 지속이 된다! 핵심은 단어의 의미를 기억나게 해주는 움직임을 사용하는 것이다.

예를 들어 '선언하다 to proclaim'라는 구절을 배우기 원한다고 가정을 하자. 처음 당신은 '종종 큰소리로 공개적으로 말하거나 발표하다.'라는 단어의 의미를 찾는다. 의미를 알고 난 후에, 당신에게 그 의미가 기억이 나게 하는 행동을 만든다. 두 손을 입에 대고 크게 소리치는 척한다('공개적으로 큰소리로 말하는'). 마지막으로, 동시에 제스처를 취하면서 '선언하다'라는 구절을 외친다.

당신이 더욱 크게 소리치고 그 몸짓을 더욱더 열정적으로 할수록 더 강한 연결을 당신의 뇌 안에 만든다. 단순히 그 구절을 외치고 그 동작을 여러 번 힘차게 함으로써 그 의미에 대한 더 강하고 깊은 기억을 만들어 낼 수 있다.

내가 베트남에서 했었던 최근 세미나에서, 나는 많은 새로운 단어를 이 행동 어휘 방법을 사용해서 가르쳤다. 내가 그들에게 보여준 강한 행동을 동시에 따라 하면서 학생들은 나와 함께 새 단어를 외쳤다. 각각의 행동은 새 단어 혹은 구절의 의미에 연결된다. 수업이 끝날 무렵, 그들은 그 단어들을 완벽하게 알고 있었고 결코 잊지 않았다.

그러나 그것이 전부는 아니다. '노력이 필요 없는 영어'는 깊은 학습 시스템이기 때문에, 나는 그 새로운 단어들을 다시 반복했다. 즉, 이번에는 스토리 수업에서 다시 반복했다. 스토리 안에서 새로운 단어 하나를 사용할 때마다 학생들에게 우리가 연습했던 것과 같은 강한 제스처를 사용하라고 요청했다. 미니 스토리 수업을 통해, 학생들은 감정과 강한 행동으로 훨씬 더 많은 어휘 반복을 하게 되었다.

마지막으로 나는 학생들에게 숙제를 주었다. 동일한 미니스토리 수업의 오디오를 다운로드하고 그 오디오를 일주일간 매일 듣도록 했다. 만약 학생들이 이것을 한다면, 새로운 단어들을 매우 심층적으로 듣게 될 것이고, 영원히 기억하게 된다. 그것이 '노력이 필요 없는 영어' 시스템의 장점이고, 그것이 바로 배우는 동안 신체적인 움직임을 사용하는 장점이다.

# 감정을 변화시키는 8가지 단계

1. 당신이 좋아하는 신나고, 열정적인 음악을 찾아라.

2. 영어 수업을 듣기 전에 음악을 켜라.

3. 이 신나는 음악이 나올 때, 손을 올려라. 고개를 들어라. 몸을 움직여라. 어깨를 뒤로 당겨라. 바로 서서 그리고 미소 지으라. 활짝 웃어라. 깊은 숨을 쉬어라.

4. 다음, 몸을 움직여라. 음악과 함께 춤을 춰라. 계속 올려다본다. 계속 웃어라. 점프하고 춤춰라. 점프하고 춤추고 미소 지을 때 팔을 머리 위로 올려라. 음악으로부터의 행복과 에너지를 느껴라.

5. 멈추고 크게 말해라. "Yes 좋아." 다시 말해라. "Yes 좋아." 한 번 더 "Yes 좋아."

6. 이제 영어 수업을 시작한다. 들을 때, 어깨를 쭉 펴라. 눈을 똑바로 떠라. 미소를 유지해라. 이제 일어서서 계속 움직여라. 수업을 들을 때 걸으면서 깊게 숨을 쉬어라.

7. 당신이 나의 미니스토리 수업을 들을 때, 각 질문에 크게 대답해라. 수줍어하지 마라. 당신의 대답을 외쳐라. 고개를 들고 눈을 똑바로 떠라. 큰 목소리로 대답을 하면서 얼굴에 큰 미소를 지어라.

8. 만약 당신이 어느 시점에 피곤하거나 지루하다면, 수업을 멈추어라. 당신이 가장 좋아하는 음악을 다시 듣고 이 모든 단계를 다시 반복해라. 몸과 감정에 더 많은 에너지를 충전해라. 그리고 나서 다시 수업을 시작해라.

이런 식으로 감정을 관리함으로써 당신은 더 오래 공부할 것이며, 더 잘 기억할 것이며, 그리고 2~4배 빨리 배우게 된다. 당신은 또한 영어를 말할 때 강하고 자신감 있게 되는 것을 스스로 배우게 될 것이라 확신한다.

# 06
# 성공을 위한 동기부여를 위해
# 현실 세계에서 큰 목표를 설정하라

정확히 왜 당신은 영어를 배우는가? 왜 당신은 영어를 강력하게 배우기 원하는가? 의외로, 많은 사람은 모호한 생각을 가지고 있다. 사람들은 영어가 '국제적인 언어'라서 그것을 배워야 한다고 느낀다. 학교에서, 영어는 중요하다고 듣는다. 몇몇 사람들은 시험 점수에 집중한다. 토플TOEFL, 토익TOEIC, 아이엘츠IELTS 혹은 다른 시험에서 높은 점수를 얻기 위해서 영어를 공부한다.

이 목표들은 어디서 오는 건가? 일반적으로, 학교 시스템으로부터 온다. 다시 말하면 다른 사람들에 의해서 야기된 외부 목표이다. 학생들은 이 목표가 중요하다고 듣고 시험 점수에 집중하면서 수년간을 보낸다. 문제는 외부 목표(외부 사람들에 의해서 제공된 목표)가 일처럼 느껴진다는 사실이다. 이 목표는 의무처럼 느껴진다.

이러한 외부 목표는 약하고 흥미롭지 못하다. 그리고 목표라는 건 우리 뇌의 목적 시스템이기 때문에 외부에 의해 제공된 목표는 문제가 된다. 목표는 우리의 뇌에 우리가 무엇을 원하는지, 언제 그것을 원하는지, 왜 그것을 원하는지를 말해준다. 강력한 목표는 에너지가 느껴지고 고무시키며 더 많은 것을 하거나 더 많이 이루도록 우리에게 동기를 부여한다. 위대한 목표는 완전히 당신 삶을 변화시킨다. 반대로 약한 목표는 약한 결과를 만들어 낸다.

그러므로 '노력이 필요 없는 영어' 연료를 개발하는 또 다른 단계는 더욱더 강한 목표를 개발하는 것이다. 그렇다면 무엇이 강한 목표를 만드는가? 강한 목표는 당신의 마음속에 긍정적인 관념을 만드는 방법이다. 강한 목표는 감정적이다. 강한 목표는 당신을 동기화시킬 뿐 아니라 행동과 성공으로 이끈다.

위대한 목표는 긍정적인 중독과 같다. 목표는 인생에서 중요한 것에 집중하게 한다. 당신은 그것을 잊을 수 없다. 사실 진정으로 강력한 목표를 가지고 있으면, 당신은 그것에 대해 생각을 멈추는 것이 어렵다는 사실을 알게 된다. 이 목표는 어려운 시기를 겪어도 당신을 인도하고 동기를 부여한다.

강력해지려면 목표는 긍정적인 방향으로 강렬하게 감정적이어야 한다. 이것이 바로 시험 점수가 목표로서 약한 이유이다. 누가 시험에 흥분하고 영감을 받을까? 사실 대부분의 사람에게 시험은 초조하고 두렵고 스트레스를 유발하는 부정적인 경험들이다. 그것은 그다지 활기차거나 고무적이지 않다. 그렇게 많은 사람들이 영어에 대해 나쁘게 생각하는 것은 당연하다.

그러면 어떻게 진정으로 강력한 목표를 발견하고 만들 수 있을까? 당신 자신에게 강력한 질문을 해보는 것으로 시작해 보자. 이것은 당신에게 영어 말하기를 위한 진정한 이유를 발견하도록 돕는 질문이다. 더 깊이 들어가면 더 고무적인 목표를 찾을 수 있다. 그리고 가장 좋은 강력한 질문은 간단히 '왜?'이다.

반복적으로 왜냐고 질문하는 것은 영어에 대한 당신의 진정한 목적을 발견하는 쉬운 방법이다. 당신은 자신에게 첫 질문을 할 수 있다. "왜 내가 영어를 공부하고 있지?" 아마도 당신의 첫 대답은 "토플 점수를 높게 받으려고"일 수 있다. 그것은 약한 외부 목표이다. 그래서 자신에게 다시 묻는다. "왜 내가 높은 토플 점수를 원하지?" 당신은 아마도 "더 좋은 직업을 얻으려고"라고 말하게 된다. 다시 당신은 묻는다. "왜 내가 더 좋은 직업을 원하지?" 이제 당신은 진정한 목적을 찾아 더 깊이 들어간다. 아마도 당신은 "내 가족을 위해 많은 돈을 벌고 싶어서"라고 대답할 수 있다. 그리고 당신은 묻는다. "왜 내 가족을 위해 더 많은 돈을 벌기 원하지?" 당신은 "내가 가족들을 사랑하고 그들을 위해 풍부하고 훌륭한 삶을 제공하기를 원하기 때문이다."라고 대답한다. 당신은 이제 중대한 내부 목표를 찾았다.

당신의 중대한 목표는 높은 토플 점수를 얻는 게 아니라, 당신의 가족들을 위해 훌륭한 삶을 만드는 일이다. 영어는 그 목표를 달성하기 위한 도구이다. 그것이 더욱 강력하고 감정적이지 않는가? 그것이 더 흥분되고 영감을 주지 않는가? 그것이 엔진에 연료를 더 많이 공급하지 않는가?

물론 모든 사람은 다르다. 어쩌면 당신의 큰 목표는 영어가 국제적인 언어라는 것을 알기에 해외여행을 하고 모험을 하며 삶을 사는 것일 수도 있다. 어쩌면 당신은 부자와 성공한 국제적인 사업가이기를 꿈꾸며 영어가 그 꿈을 이루도록 도울 수 있을 거라 생각한다. 어쩌면 당신은 미국 대학에서 유학하는 것을 꿈꾼다. 어쩌면 당신은 전 세계의 국제적인 친구들을 사귀기를 원한다. 어쩌면 당신은 영어에 대한 큰 목표를 더 많이 가지고 있을 수도 있다.

핵심은 영어가 대화를 위한 도구라는 점이다. 단지 많은 단어와 문법을 아는 것은 무의미하다. 그 언어를 사용해서 힘을 발휘해야 한다. 그래서 당신의 큰 목표를 찾는 열쇠는 여러분이 현실 속에서 영어를 어떻게 사용하고 싶은지를 알아내는 일이다.

영어와 함께, 당신은 그 언어를 말하는 실제 이유에 집중해야 한다. 목표가 당신을 흥분시켜야 한다. 목표를 생각하는 것만으로도 열정적이며 활력을 느껴야 한다. 비록 내가 이 주제에 대해 글을 쓰고 있지만, 나 역시 가끔 약한 목표를 가지고 있다는 것에 대해

죄책감을 느껴왔다. 예를 들자면 나는 최근에 태국에서 세미나와 프레젠테이션을 연이어 했다. 나의 초기 목표는 아래와 같았다.


- '노력이 필요 없는 영어' 시스템을 사람들에게 가르치기
- 더 많은 사람들을 연결하기


지금 이것은 확실히 긍정적인 목표이다. 하지만 강력하지 않다. 그것들은 나를 흥분시키지 않는다. 그것들이 열정을 만들지는 않는다. 그래서 나는 더욱더 깊게 생각했다. 나는 "왜 내가 '노력이 필요 없는 영어' 시스템을 사람들에게 가르치기를 원하는가? 왜 나는 더 많은 사람들이 연결되기를 원하는가? 나는 무엇에 기여하기 원하는가? 나는 무엇을 이루기를 원하는가?"를 나 자신에게 물었다.

더 좋은 목표가 즉시 마음속에 일어났고 다음과 같았다.


- 나는 사람들에게 영감을 주고 그들의 삶이 바뀌기를 원한다.
- 나는 배움에 대한 사람들의 열정과 사랑이 깨어나기를 원한다.
- 나는 그들의 상상력이 깨어나기를 원한다.
- 나는 그들의 영어 트라우마를 치유하기 원한다.
- 나는 사람들이 영어를 배우는 방식을 완전히 바꾸기를 원한다.
- 나는 영어를 도구로 사용해서 그들의 꿈이 실현되기를 원한다.
- 나는 최고로 열정적인 학습자들의 국제적인 커뮤니티를 만들기

원한다.

- 나는 사람들에게 매우 긍정적이고 강력한 감정적인 경험을 주기를 원한다.
- 나는 그들에게 행복, 웃음, 열정 그리고 강력한 자신감을 주기를 원한다.
- 나는 사람들이 의심, 불안, 지루함, 주저함으로부터 자유로워지기를 원한다.
- 나는 그들이 꿈을 이루도록 돕기를 원한다.

이제 이것들이 흥미로운 목표이다! 이 목표들은 곧바로 나에게 에너지와 힘을 주었다. 그것들은 나를 침대에서 뛰쳐나오게 해서 일을 하도록 만들었다. 이 목표들은 나를 교사로서 환상적인 일을 하고 싶게 만들었다. 그것들은 내가 더 잘 배우고 성장하도록 영감을 주었다. 이 목표들은 내가 그저 몇몇 지루한 강의가 아니라 놀라운 강연을 하고 싶게 만들었다.

이런 것들이 크고 의미 있는 목표의 힘이다. 왜 당신은 영어를 배우기 원하는가? 영어가 당신에게 가져다주는 가장 흥미로운 결과는 무엇인가? 진정으로 당신이 영어를 배우도록 고무시키는 것은 무엇인가? 더 크게 생각하라. 더 큰 꿈을 꾸어라!

자신을 위해 힘써라. 영어 배우기를 위한 크고 대담하며 강력한 목표를 선택하라. 당신의 열정을 불태워라!

*chapter*

# 07
# 영어 성공을 위해
# 당신의 뇌를 프로그램하라

　　태국의 한 대학에서 영어를 가르치고 있을 때, 플로이Ploy라는 이름의 한 학생이 있었다. 수업 첫날, 플로이는 맨 뒷줄에 앉아 있었다. 그녀는 수업 시간 동안, 나를 피해 숨으려고 최선을 다했다. 어깨를 웅크리고 그녀 앞줄에 앉아있는 학생들의 등뒤로 숨으려고 노력을 했다. 플로이는 수업 시간 내내 조용히 있었다.

　　수업이 끝난 후에 나는 그녀에게 잠시 남으라고 했다. 나는 무엇인가 잘못된 것이 있다는 것을 알았고 어떻게 그녀를 도울 수 있을지 알고 싶었다. 나는 그녀에게 물었다. "수업 중에 숨어 있는 걸 봤는데, 괜찮은 거니?" 그녀는 말했다. "나는 영어를 잘 못해요." 그리고 나서 플로이는 자신이 영어와 함께한 긴 시간의 좌절감과 함께 나쁜 학점, 나쁜 시험 점수 그리고 어색함에 대해 설명했다. 이런 사실 때문에, 그녀는 자신이 결점이 있고 '영어를 못 하는' 사람이라고 확신했다.

플로이와 대화 후에, 나는 그녀의 문제와 믿음에 대해 생각했다. 나는 다른 학생들도 어쩌면 비슷하게 느끼고 있을 거라는 걸 알아차렸다. 내가 그들에게 영어를 가르치기 전에, 그들의 믿음을 재프로그램할 방법을 찾아야 한다고 생각했다. 그 주에 나는 더 많은 심리 기법을 조사했고 '정신 영화 프로그램mental movie programming' 방법을 발견했다.

그 다음 주에, 나는 그 기법을 수업에서 가르쳤고 학기 내내 계속 사용했다. 단지 몇 주 만에, 나는 극적인 차이를 느꼈다. 플로이는 자신감 있고 외향적으로 변했다. 처음으로, 그녀는 뒷줄 대신 앞줄에 앉았다. 그러고 나서 수업에 참여하기 시작했다. 마찬가지로 그녀의 반 친구들도 매주 자신감이 더 커졌다. 이 경험은 나에게 심리의 힘과 성공을 위해 자신을 프로그램하는 게 왜 중요한지를 보여 주었다.

이번 챕터는 영어 성공을 위해 당신의 심리를 재프로그래밍하는 최종 단계이다. 당신은 '노력이 필요 없는 영어'라는 엔진을 위해 경주용 자동차 연료를 개발하는데 필요한 믿음, 목표, 최고조의 감정 상태를 프로그램하는 방법을 정확히 배울 수 있다.

학습자들의 문제는 지능이 부족해서나 의지력이 부족해서가 아니다. 당신이 '영어를 못해서'가 아니다. 대부분의 사람이 부족한 것은 그들의 마음과 감정을 통제하지 못해서이다. 사실 당신은 가장 높은 수준의 회화 영어를 숙달하는데 필요한 모든 재능, 지능과 힘을 가지고 있다. 당신은 단지 자신이 원할 때 힘을 조절하고 그것을 이용해 감정, 믿음, 행동을 순식간에 변화시키는 방법을 배우기만 하면 된다.

많은 영어 학습자들처럼, 아마 당신 역시 '영어 트라우마'에 시달리고 있을지도 모른다. 말하려고 할 때 당신도 제한된 믿음을 가지며 좌절하거나 초조함 혹은 스트레스를 가질 수 있다. 말할 때 자신감과 강렬함을 느끼고자 한다면, 그렇게 하기 위해 당신은 반드시 '내면의 영화internal movies'를 통제하는 것을 배워야만 한다.

내면의 영화는 감정, 믿음 그리고 목표를 만드는데 사용되는 프로그램이다. 다섯 가지의 감각을 가지고 이 영화를 만들 수 있다. 그것은 시각, 청각, 촉각, 미각 그리고 후각이다. 당신의 기억과 꿈은 이러한 감각의 조합으로 당신의 마음속에 기록된다. 이것들은 당신이 스스로 내면의 영화를 쓰거나 감독할 때 사용되는 재료들이다. 그런 다음 이 영화들은 여러분의 감정, 생각, 행동을 만들어 낸다.

당신이 영어를 배우면서 얻게 되는 결과를 바꾸고 싶을 때, 두 가지를 변화시키기 원한다. 당신이 영어를 말할 때 어떻게 느끼는

지와 실제로 얼마나 잘 말하는가이다. 다시 말하면, 말할 때 자신감 있게 느끼고 능숙하게 말하기를 원한다. 이번 챕터는 말하는 동안 강렬한 느낌과 숙련된 성과를 보여 줄 수 있도록 당신의 내면의 영화를 변화시키는 방법에 관한 것이다.

당신의 마음속에 만들어진 영화에 대해 생각을 할 때 당신이 선택할 수 있는 게 두 가지가 있다. 당신의 영화 안에는 무엇이 있으며 그리고 어떻게 그 영화가 만들어졌는가이다. 만약 당신이 종종 영어 때문에 당혹스러웠던 기억을 떠올린다면, 그것은 당신이 느끼는 방식을 변화시킨다. 어떻게 그 기억이 형성되었는지가 중요하다. 예를 들어 수업 시간에 교사에게 지적받았던 때를 떠올리게 되면, 그 기억은 영어에 대한 초조함을 만들어 낸다. 그 기억이 당신 내면에 있는 영화이다. 내면적으로 당신은 그 사건이 일어난 것을 보고, 교사가 당신을 지적하는 것을 듣고 당혹스러움을 느낀다(시각, 청각, 신체적 감각은 내면의 영화에서 사용되는 가장 공통적이고 강력한 구성 요소이다).

일반적으로 만약 그 부정적인 영화를 당신의 마음속에 더 크게 만든다면, 그 나쁜 감정들은 더 강해진다. 마찬가지로 당신이 교사의 목소리를 더욱 크게 만들면, 나쁜 감정은 더욱더 나빠지게 된다. 그리고 당혹스러운 감각과 감정에 집중함으로써 몸 안에서 더 빨리 움직여 나쁜 감정들을 더욱더 악화시킬 수 있다. 마음속에서 영화가 상영되는 방식을 바꿈으로써, 당신은 나쁜 감정의 힘을 바꿀 수 있다.

이러한 영화적 특징을 '하위 양식sub-modalities'이라고 부른다. 그것들은 당신의 내면의 영화에서 사용되는 각 감각의 독특한 특성이다. 각각의 감각은 제어되고 변경될 수 있는 몇 가지 하위 양식이 있다.

예를 들어 시각적으로 당신은 영화의 색깔을 바꾸거나 혹은 검은색과 흰색을 만들기 위해 색깔을 완전히 제거할 수 있다. 당신 마음속의 이미지 크기를 변화시켜 크거나 작게 만들 수 있다. 마음속 스크린에 영화가 상영되는 것을 상상한다면, 스크린까지의 거리를 변경하여 더 가깝게 두거나 멀리 둘 수도 있다. 영화의 밝기도 변화시킬 수 있다. 내면의 영화의 움직임도 제어할 수 있고 그것들을 빠른 동작, 일반 동작 혹은 느린 동작으로 만들 수 있다. 영화의 '카메라 각도'를 변경하여 어떤 장면의 시야도 변경할 수 있다.

내면의 영화는 사운드트랙도 가지고 있고 이것들도 역시 제어되거나 변경될 수 있다. 영화 소리의 세기를 제어할 수 있다. 리듬을 제어할 수 있다. 음색과 음조를 바꿀 수 있어, 소리를 점점 더 높게 혹은 낮게 만들 수 있다.

그리고 당신은 또한 영화 안의 감정과 신체의 감각을 제어할 수 있다. 온도(춥고, 덥게), 압력(높고, 낮게) 그리고 감각의 위치도 제어할 수 있다. 당신은 또한 감정의 감도도 제어할 수 있으며, 그것들을 몸 안에서 더 빨리 혹은 더 느리게 움직이도록 할 수 있다.

근본적으로 당신은 자기 자신의 마음의 영화감독이다. 문제는 당신이 이 영화들을 통제하고 의식적으로 감독할 것인가 아니면 영화들이 당신을 통제하게 할 것인가라는 사실이다. 좋은 감독은 관객이 경험하기를 원하는 생각과 느낌을 정확하게 만들기 위해 이미지, 카메라 각도, 사운드 등을 제어한다. 마음의 감독으로서 당신도 같은 것을 할 수 있다.

예를 들면 기억된 기록을 변화시킬 수 있다. 기억이란 단순히 과거의 경험으로 만들어진 내면의 영화이다. 일반적으로 이러한 영화는 의식적인 선택 없이 만들어진다. 좋은 소식은 당신이 이 영화들을 약하게 하거나 강하게 만들기 위해 재연출이 가능하다는 것이고 그것들이 당신 삶에 미치는 효과를 바꿀 수 있다는 점이다.

지금 당장 그것을 해보자. 매우 행복한 기억을 생각하라. 당신을 행복하게 하는 어떤 기억일 수 있다. 눈을 감고 미소 짓고 지금 그 기억을 생각하라. 기억할 때, 당신의 마음속에 이미지나 영화를 떠올려라. 무엇이 보이는가? 그러고 나서 당신이 들은 것을 주목하라. 당신의 영화는 소리가 있는가? 그리고 감정은 어떠한가? 이 영화에서 어떤 게 느껴지는가? 당신 몸 안에서의 감정은 어떠한가? 몸 안에서 진동이 느껴지는지 아니면 긴장이나 이완의 느낌을 느끼는지? 이 행복한 내면의 영화 속 세부사항을 주목해 본다.

이제 이 기억의 감독이 되어라. 만약 정지 사진만 보이면, 움직임을 추가해 영화로 만든다. 그러고 나서 당신의 마음속에 이미지를 더 크게 만들고, 당신에게 더 가까이 가져오게 한다. 더 크게 만들 때, 당신의 감정이 어떻게 변하는지 주목한다. 일반적으로 영화를 크게 만드는 것은 감정(부정적이거나 긍정적인)의 힘을 증가시킨다. 행복한 기억이 있으면, 영화를 더 크게 만들어서 감정을 훨씬 더 행복하게 할 수 있다.

물론 당신은 소리와 감정도 변경할 수 있다. 소리를 좀 더 크게 만들도록 노력한다. 특별히 즐거운 소리로. 좋은 감정을 알아차릴 때, 몸 안에 그것들이 어디에 있는지와 어떻게 움직이는지 찾아본다. 감정은 몸으로 알 수 있으며 일반적으로 신체의 진동이나 에너지로 경험된다. 그러한 행복한 진동을 더욱더 빠르게 하고 그것이 당신의 몸속을 통해 움직이도록 한다. 대부분의 사람에게, 이것은 행복감을 증가시킨다.

축하한다. 당신은 방금 당신의 첫 번째 내면의 영화를 감독했다. 더 좋은 감독이 됨으로써 행복감을 증가시키는 방법을 배웠다. 같은 기술을 부정적인 기억, 생각 그리고 믿음에도 사용할 수 있다. 시도해 보자.

영어에 대한 부정적인 경험을 떠올린다. 아마도 그것은 학교에서 받은 나쁜 경험일 수도 있고, 영어를 말하려고 애쓰면서 긴장하고 좌절하고 지루하거나 어리석게 느꼈던 시기일 수도 있다. 이 나쁜 경험을 기억하면서, 다시 한 번 당신의 내면의 영화 속 세부사항을 주목한다. 마음속의 기억을 본다. 이 영화에 사운드가 있는지,

그리고 영화에서 어떤 느낌이 드는지 확인한다.

먼저 부정적인 영화 화면을 가까이 가져와서, 그것을 크게 만든다. 소리를 더 크게 하고 감정을 빠르게 진동시킨다. 이렇게 하면 대부분의 사람은 더 나빠질 수 있다. 그것은 당신이 원하던 것이 아니다. 그래서 이제 반대로 한다. 영화를 작게 만들면서 영화 화면을 더 멀리 둔다. 그러고 나서 영화를 어둡게 하고 마음에서 보기 어렵게 만든다. 영화 화면에 음량을 조절할 수 있는 버튼이 있다고 상상한다. 소리를 더 조용하게 만들기 위해 버튼을 잡고서 소리를 줄인다. 사실상 소리를 완전히 끈다. 마지막으로 깊은 숨을 쉬고 감정을 평온하게 한다.

이러한 모든 것을 함으로써, 당신은 부정적인 감정이 훨씬 약해지거나 혹은 완전히 사라졌다는 것을 알아차리게 된다. 당신은 부정적인 기억을 선택해서 의식적으로 당신의 마음을 감독함으로써 그것을 무기력하게 만들었다. 대부분의 사람들은 기억은 바꿀 수 없다고 믿는다. 그러나 사실, 당신 스스로 당신의 기억을 제어함으로써 이제 막 증명을 했다. 그러한 것은 당신의 생각도 마찬가지이다.

당신은 선택권을 갖고 있다. 당신은 자기 자신의 의식적인 마음의 감독이 될 수도 있고 아니면 당신의 뇌가 제멋대로 가도록 내버려 둘 수도 있다. 대부분의 사람들은 후자를 선택하고 그들은 스스로 무력감을 느낀다. 부정적인 생각, 기억, 나쁜 경험들에 의해서 지배를 받는다. 이것들은 필요치 않다. 당신이 원하는 생각, 감정, 행동을 만들어 내도록 감독함으로써 당신의 뇌가 작동하도록 선택할 수 있다.

당신은 부정적인 무력감을 만들어 낼 수도 있고 긍정적인 기억, 생각, 믿음과 목표의 힘을 강화시킬 수도 있다. 나쁜 기억들에 의해서 통제되는 대신 당신이 뇌를 직접 제어할 수 있다. 이 과정은 기억에 효과가 있을 뿐 아니라 미래에 당신이 이루고자 하는 목표에도 효과가 있다. 당신의 삶을 변화시킬 크고 고무적인 목표 중 하나인, 영어에 대한 큰 목표를 생각해 본다.

이 목표를 생각하면서 눈을 감는다. 이제 의식적으로 그 목표를 위해 영화를 만든다. 당신은 감독이다. 다른 사람들에게 영어를 강력하게 말하고 있는 자신을 본다. 당신에게 영감을 주는 상황을 선택한다. 당신이 이 영화를 보면서, 다른 사람들이 당신의 말을 들을 때 그들의 얼굴을 주목한다. 그들이 당신의 영어를 이해하고 즐길 때 그들이 미소 짓는 것을 본다. 당신 마음속의 그 영화 장면을 선택해서 가까이 가져온다. 그러면 영화는 훨씬 커진다. 그러고 나서 색깔을 더 아름답게 한다. 이미지를 조금 더 밝게 한다.

이 멋진 영화를 계속 볼 때, 사운드트랙을 주목한다. 청취자 중 한 명이 "와우, 당신의 영어는 훌륭해요! 어떻게 그렇게 잘 말하는 것을 배웠나요?"라고 말하는 것을 듣는다. 소리를 올리면 크고 분명하게 들을 수 있다! 이러한 칭찬을 들을 때 당신이 어떻게 느끼는지 주목한다. 몸 어딘가에서 자신감과 행복감을 느끼게 된다. 그곳은 어디인가? 그곳이 어디든지 간에, 그 행복한 진동을 더 빠르고 강하게 한 다음, 당신의 온 몸 주위로 움직이게 한다. 기분이 아주 좋다!

당신은 방금 강렬한 영어 영화를 만들었다. 그리고 당신은 영화 스타이다. 당신은 자신감 있고 능숙하다. 당신은 행복하다. 당신은 놀라울 만큼 영어를 쉽게 말한다. 기분도 아주 좋다!

이렇게 감독하는 힘을 가지고, 당신은 뇌를 자신이 원하는 정확한 믿음, 감정, 결과를 위해 프로그램하기 시작한다. 당신은 매일 이 에너지 넘치는 영화에 집중한다. 그리고 매번 영화를 만들 때마다 그것은 더 강해진다. 부정적인 영화가 마음속에 일어날 땐 언제든지, 더 작게 그리고 더 약하게 만들기 위해 당신의 감독 기술을 사용한다. 나날이, 의식적으로 마음을 다스림으로써 당신은 인생을 완전히 바꾼다.

물론 이것은 매일 연습이 필요하다. 그러한 오랜 영화들은 수년 간에 걸쳐 만들어지기에, 당신은 의식적으로 매일 당신의 강렬한 영화를 만들 필요가 있다. 그렇게 함으로써, 단계적으로 당신은 영어 성공을 위해 자신을 재프로그램할 것이다.

당신의 영화를 재프로그램하기 위한 한 가지 특별하고 강력한 방법은 '스위시swish'라고 부르는 방법을 사용하는 일이다. 스위시는 성공 심리와 NLP(신경 언어학 프로그래밍, Neuro-Linguistic Programming)의 고전적인 기법이다. 스위시는 부정적인 내면의 영화를 당신을 기분 좋게 만드는 강렬한 영화로, 즉각적으로 그리고 자동으로 변화시키는 방법이다. 예를 들어 당신이 자주 영어를 말할 때 초조하게 느낀다면, 말할 때마다 자동으로 강력하고 자신감 있는 느낌으로 바뀌도록 마음을 프로그램할 수 있다.

당신은 이 '스위시' 기법을 반드시 매일 연습하고 훈련해야만 한다. 그러나 일단 그것이 깊게 프로그램되면, 당신은 그것에 대해 생각할 필요가 없다. 영어를 말할 때마다, 당신은 별다른 노력 없이도 강하고 자신감 있게 느끼게 될 것이다.


여기 스위시 기법을 사용하는 단계가 있다.
1. 당신이 변화시키고 싶은 감정이나 행동을 확인한다. 아마도 영어를 말할 때 초조한 기분일 것이다. 첫째, 그 부정적인 상황을 영화로 만든다. 이 부정적인 영화 속에서 무엇이 일어나는지를 보고 듣고 느낀다.
2. 다음 당신이 경험하기를 원하거나 대신하고자 하는 목표를 나타내는 강렬한 영화를 만들도록 하라. 예를 들어 당신은 이전 예에서 사용한 강렬한 영화를 사용할 수 있다. 스스로 강력하게 말하고 기분을 좋게 한 영화.
3. 두 영화를 연결하기 위해 '스위시swish'를 사용하고 부정적인 영화를 강렬한 영화로 자동적으로 바뀌게 만든다. 근본적으로 당

신은 과거의 부정적인 상황에 강렬한 영화를 앵커링(연결, an-choring)하고 있다.

다음은 당신이 스위시를 구체화하는 방법이다.

눈을 감고 당신이 변화시키기 원하는 부정적인 상황의 큰 그림을 그리면서 시작한다. 그것을 명확하게 본다. 그러고 나서 그림의 모퉁이에 작은 검은 사각형을 상상한다. 그 작은 사각형은 당신의 강렬한 영화이다. 그래서 당신 앞 화면에는 큰 부정적인 영화를 가지고 있고, 그 화면의 모서리에는 강렬한 영화를 포함하는 작은 사각형이 있다.

다음, '우쉬(wooosh, 흥분한 상태를 보여 주는 의성어)'라고 말한다. 그리고 작은 사각형이 폭발해서 거대한 영화 화면이 되는 것을 상상한다. 폭발하면서 부정적인 영화를 완전히 파괴하고 대체한다. 이제 당신 앞에 강렬한 영화가 보인다. 그것은 크고 밝으며 화려하다. 멋진 사운드트랙을 가지고 있으며 기분을 아주 좋게 한다. 그 영화를 인지하고 행복한 감정이 더 강해지도록 만든다.

'우쉬'라는 표현을 매우 흥분한 상태로 크고 힘 있게 말을 한다. 최고조의 감정peak emotion을 기억하고 긍정적인 감정을 증가시키기 위해 강한 몸짓을 사용한다. 당신은 단어, 제스처 그리고 강렬한 영화 사이를 앵커anchor, 즉 서로 연결하고 있다.

다음, 다시 시작하기 위해 잠시 눈을 뜬다. 그러고 나서 눈을 감고 전체 스위시 과정을 반복한다. 매번 폭발이 더 빠르게 발생하도록 만든다. 강렬한 영화는 폭발해서 그 오래된 이미지를 파괴한다. '우쉬'라고 크게 외치고 강렬한 영화의 최고조의 감정을 훨씬 더 강하게 만든다.

그리고 난 후 다시 시작하기 위해 잠시 눈을 뜨고 다시 눈을 감고, 다시 한 번 그것을 한다. 그 과정을 계속해서 반복하고 또 반복한다. 매일 이것을 10번 또는 그 이상 연습한다. 매일 연습한다. 무의식적으로 반응하도록 프로그래밍하는데 30일 또는 더 많은 날이 걸릴 수 있다. 일단 프로그램화되면, 당신은 놀라운 결과를 발견하게 된다. 당신이 영어를 말하는 상황에 있다면, 잠시 동안의 초조함을 느낄 수는 있다. 그러다 갑자기 당신은 더 강력하고, 더 편안하고, 더 자신감 있게 느낄 것이다. 그것은 자동적으로 그리고 노력없이 일어난다. 이것이 스위시 프로그래밍swish programming의 결과이다.

이것을 매일 습관처럼 한다. 당신이 일어날 때 매일 아침에 스위시 과정을 연습할 수 있고 그것은 단지 몇 분이면 된다. 이 몇 분 동안, 당신의 성공을 위해 무의식적인 마음을 프로그램한다. 당신은 과거의 부정적인 영화들을 바꾼다. 당신은 영어에 대한 더욱더 강력한 믿음과 감정을 개발한다. 당신은 통제권을 가지고 자기 마음의 숙련된 감독이 된다.

당신은 이제 강력한 성공 심리를 개발하는데 필요한 모든 도구를 가졌다. 당신은 최고의 감정 상태를 만들고 그것들을 영어와 연결하는 방법을 안다. 믿음의 중요성과 모델링을 통해서 그것들을 변화시키는 방법을 안다. 감정을 만들어 내고 기억을 강화하기 위해 신체적인 움직임을 사용하는 방법을 안다. 큰 목표를 위한 동기 부여의 힘과 영어를 배우기 위한 더 깊은 이유를 발견하는 방법을 안다. 그리고 내면의 영화들을 사용해서 의식적으로 당신의 마음을 감독하는 방법을 안다.

영어 유창성으로 가는 길 위에, 당신은 두 가지가 필요하다. 강력한 연료와 강력한 자동차, 강력한 심리와 훌륭한 방법이다. 당신은 이제 당신이 필요로 하는 고급 연료를 만드는 방법을 안다.

다음 챕터에서 당신은 그 연료로 무엇을 해야 하는지 배운다. 영어를 강력하게 말하기 위해서 당신이 반드시 사용해야만 하는 특별한 영어 학습 방법들이다. '노력이 필요 없는 영어' 엔진을 배울 시간이다.

# EFFORTLESS
# ENGLISH

# 노력이
# 필요 없는 영어
# 7가지 언어 법칙

*chapter*
# 08
## 아기들은 최고로 배운다―
## '노력이 필요 없는 영어' 엔진

당신은 지금까지
'노력이 필요 없는 영어'의 첫 번째 부분을 배웠다. 연료 또는 심리
이다. 당신은 영어 유창성으로 가는 길의 여정을 촉진하기 위해 고
품질의 감정적인 연료를 만드는 방법을 안다. 이제 그 연료를 사용
할 엔진에 집중해야 할 시간이다. 이것은 내가 언어 학습의 페라리
(경주용 자동차, Ferrari)라고 부르기 좋아하는, '노력이 필요 없는 영
어' 방법에 관한 것이다.

일전에도 언급했듯이, '노력이 필요 없는 영어'는 내가 수년간의
교육과 연구로 개발한 시스템이다. 시행과 착오를 통해서, 이 방법
을 전 세계 학습자들의 필요에 맞게 개선하고 적용할 수 있었다. 당

신이 그 방법에 적절한 심리와 감정적인 연료를 가져오는 한  나는 당신이 영어 유창성에 빨리 도달하게 되리라는 것을 확신한다.

명확히 하기 위해, 나는 '노력이 필요 없는 영어' 방법을 7단계로 나누었다. 나는 이 단계를 '7가지 법칙'이라고 부른다. 이번 챕터에서, 나는 이 법칙을 소개할 것이고 간략히 동작하는 방법을 설명할 생각이다. 또한 이번 섹션이 어떻게 구성되는지 설명해서, 당신이 영어를 공부하려고 매번 앉을 때마다 최대의 이익을 얻을 수 있도록 할 생각이다.

7가지 법칙 각각은 당신이 영어로 얻을 수 있는 결과를 완전히 변화시키는 '심오한 지식profound knowledge'의 일부분이다. 에드워드 데밍Edwards Deming 교수는 심오한 지식을 결과의 품질을 강력하게 변화시키는 새로운 아이디어, 전략, 탁월함으로 설명했다. 심오한 지식이란 종종 큰 향상을 만드는 단순한 변화를 뜻한다.

7가지 법칙 각각은 단순하다. 그러나 사용될 때 각각은 당신의 영어 말하기를 크게 향상시킬 수 있다. 강한 심리와 함께 사용되는 7가지 법칙은 유창함을 향한 여정을 가속화한다.

나는 이 방법이 과거에 당신이 사용해왔던 숨겨진 커리큘럼과 완전히 다르다고 경고한다. '노력이 필요 없는 영어'는 전통적인 방법에 의존하지 않는다. 대신 그것은 어린아이들이 보여 준 언어 학습의 자연스러운 순서를 따른다.

## 아기들은 최고를 안다

사실 아기들과 어린아이들은 세계에서 최고의 영어 학습자들이다. 그들은 훌륭한 문법, 어휘, 유창함 그리고 발음을 하면서 원어민처럼 쉽게 말하는 것을 배운다. 교과서를 공부하는 대신 아마도우리는 아기들이 어떻게 영어를 배우는지 살펴봐야 한다.

아기가 처음으로 영어를 배우거나 혹은 다른 언어를 배울 때, 대부분 그냥 듣기만 한다. 사실 여러 달 동안, 아기와 아이는 실제로 말을 하지 않고 오로지 듣는다. 듣기의 이런 기간을 언어학자들은 '침묵의 시간 silent period'이라고 부른다. 침묵의 시간 동안, 아기는 언어를 이해하는 것을 배우는 중이다. 물론 아기가 침묵하면서배울 때, 부모들은 걱정하지 않는다. 그들은 아기에게 문법을 가르치지 않는다. 그들은 아기가 말하지 않을 때 화내지 않는다.

부모들은 무엇을 하는가? 그들은 매우 단순한 영어를 사용해서아기에게 간단히 이야기한다. 그들은 말하는 동안 동작을 사용한다. 예를 들어 엄마인 자신을 가리키며 매일 '엄마, 엄마'라고 몇 번이고 말한다. 결국 아기는 '엄마'가 그 혹은 그녀의 어머니라는 단어라는 것을 깨우친다.

마침내 아기는 말하기 시작한다. 아마도 어느 날 아기들은 '엄마'라고 말한다. 무슨 일이 일어났는가? 부모들이 아기의 발음을 지적하는가? 부모들이 아기에게 문법을 가르치려고 시도하는가? 당연히 아니다. 오히려 아기가 하나의 정확한 단어(보통 발음은 좋지 않지만)를 말했기 때문에 모두 매우 행복해한다. 모두 미소 짓고 웃는다. 영어 말하기는 아기에게 매우 행복한 시간이다.

그 후 몇 년 동안, 아기는 계속해서 듣기에 집중한다. 아기의 말하기는 점차 더 좋아지게 된다. 아기들은 더 많은 단어를 사용한다. 비록 문법 규칙을 절대 배우지 않았음에도 문법도 향상된다. 아기들의 발음도 향상된다. 그렇다 하더라도 수년 동안, 듣기가 여전히 말하기보다 더 낫다. 아기는 말할 수 있는 것보다 더 많이 이해한다.

이것이 영어를 배우는 자연스러운 방법이다. 당신도 알다시피, 당신이 학교에서 배웠던 방법과 매우 다르다. 학교에서는 시작부터 교과서를 읽는 것에 집중한다. 미처 당신이 준비되지 않았는데도 빨리 말하도록 강요한다. 당신은 문법 규칙을 공부하는데 집중한다. 당신이 실수했을 때, 교사가 당신을 지적한다.

아기와 다르게 당신은 빠르게 향상되지 않는다. 당신의 문법도 자연스럽게 그리고 노력 없이 향상되지 않는다. 당신의 발음도 결코 더 좋아지지 않는다. 그리고 당신의 말하기는 항상 너무 느리다. 당신에게 있어서 영어는 아마도 기분 좋은 경험이 아니다. 영어는 당신이 사랑하는 즐겁고 자연스러운 경험이 아니다.

분명히 학교에서 영어를 가르치는 전통적인 방법에 무엇인가 잘못된 것이 있다. 명백히 우리는 더 좋은 방법, 즉 인간이 언어를 배우도록 고안된 자연스러운 방식에 가깝게 따르는 방법이 필요하다.

사실 당신의 뇌는 놀라운 언어 학습 기계이다. 당신이 강한 심리와 효과적인 방법을 알고 있을 때, 당신은 영어를 빨리 배운다. 더 좋은 것은 당신이 자연스러운 접근을 따를 때, 자연적인 본성과 당신의 뇌가 더 이상 충돌하지 않기 때문에 배우는 과정을 즐기게 된다.

당신은 '노력이 필요 없는 영어' 심리를 배웠다. 이제 '노력이 필요 없는 영어'의 엔진, 방법을 배울 시간이다. 7가지 법칙 각각은 이 방법의 중요한 부분이다. 각각의 법칙은 '영어 즐기기'를 하는 새로운 방법이다. 당신이 7가지 법칙을 배우고 사용할 때, 반드시 즐거운 태도를 가져라. 유연해져라. 재밌게 해라. 이 새로운 배움의 과정을 즐겨라.

7가지 법칙들은 서로 연결되어 있고 시너지 효과를 발휘한다. '시너지Synergistic'란 법칙들이 개별적으로 있기보다는 함께 사용될 때 더욱더 강력하다는 것을 의미한다. 각각의 법칙은 다른 법칙들을 더 강하게 만든다. 7가지 법칙들은 함께 사용되어 영어의 유창성과 기량을 향상시키는 강력한 방법을 구축한다.

## 이번 섹션을 사용하는 방법

이번 섹션의 목적은 당신이 영어를 자신 있게 그리고 유창하게 말하는 것을 배우도록 돕는데 있다. 지금까지 나는 '노력이 필요 없는 영어' 심리를 설명했고, 나의 목표는 이제 이 페이지에 있는 자료를 가능한 한 실용적이고 유용하게 만드는 것이다. 다음 몇 개의 챕터에서, '노력이 필요 없는 영어'의 7가지 법칙 각각을 상세하게 설명하게 된다. 또한 동기 부여하는 팁, 강의 예제와 유창성으로 가는데 도움을 주는 실전 연습 샘플도 포함한다.

각각의 법칙을 배울 때마다, 당신은 '노력이 필요 없는 영어' 방법의 또 다른 부분을 배우게 된다. 각각의 법칙은 모두 함께해서 완벽한 학습 시스템을 형성한다. 이 섹션의 끝부분에서 나는 당신에게 매일의 개별적인 학습 계획을 만들기 위해 이 법칙들을 함께 사용하는 방법을 가르친다. 당신은 매일 실질적인 영어 숙달을 이루기 위해 무엇을 해야 할지를 배우게 된다.

즐겁게 탑승해라.

*chapter*

# 09

# 첫 번째 법칙 :
# 단어가 아니라 구절로 배워라

만약 당신이 영어 수업을
들었다면, 어휘 목록을 암기하는 많은 경험을 했을 가능성이 높다.

'노력이 필요 없는 영어'에서는 더 이상 단어 암기를 하지 않는
다. 왜? 어휘 목록은 시간의 낭비이기 때문이다. 그렇다. 내 말을
당신이 정확히 이해했다. 무작위로 개별적인 단어들을 외우려고 하
는 것은 효과적인 학습 방법이 아니다. 대신 당신은 '노력이 필요
없는 영어' 방법의 첫 번째 법칙을 사용해서 단어가 아닌 구절로 배
우게 된다.

'구절'이 의미하는 것은 무엇인가? 구절은 연관 있는 단어들의
그룹이며 생각에 초점을 맞춘다. 구절을 설명하는 또 다른 방법은

'언어의 자연스러운 청크(말의 덩어리, chunks)'이다. 모든 언어에서 특정 단어는 자연스럽게 특정 방식으로 결합된다. 예를 들어 영어로 우리는 "I am on an island. 나는 섬에 있다."라고 말한다. 우리는 "I am at an island. 나는 섬에 있다."라고 말하지 않는다. 왜? 논리적인 이유는 없다. 한 가지는 단순히 흔하게 사용되는 구절이고 다른 것은 아니다.

여기 또 다른 예가 있다. 'hate 싫다'가 당신이 배우고자 하는 새로운 단어 중 하나라고 가정해 본다. 전통적인 수업에서, 당신은 'hate 싫다'라는 단어를 적고 그 의미를 알기 위해 사전을 찾는다. 당신은 그것이 어떤 것에 대한 강렬한 반감이라는 'loathe 혐오하다' 혹은 'detest 몹시 싫어하다'의 의미를 내포하고 있다는 것을 본다. 그리고 나서 당신은 'hate 싫다'를 hate 싫다, hate 싫다, hate 싫다, hate 싫다, hate 싫다라고 하면서 암기한다.

그것은 옛날 방식이다. 일종의 교과서적인 방법, 그렇지 않은가? 학교에서 당신은 아마도 많은 개개의 단어를 기억하는데 이러한 방법을 사용한다. 그러한 많은 단어 목록을 정리해서, 시험을 위해 그것 모두를 기억하려고 노력한다. 동사의 경우, 당신은 또한 동사 활용 차트를 기억하려고 노력한다.

더욱더 나쁜 건, 당신은 이러한 단어들을 자신의 모국어로 번역해서 기억하면서 배우려고 한다. 이것 때문에 영어를 말하려고 할 때, 머릿속으로 번역하고 있는 자기 자신을 발견하게 된다. 처음 자신의 모국어로 단어를 생각하고, 그러고 나서 영어로 번역한 것을 기억하려고 노력한다. 이 추가적인 단계는 당신의 말하기와 듣기 능력을 모두 늦춘다.

나를 믿어라. 만약 당신이 단어들의 그룹인 구절로 배운다면 훨씬 좋다. 그것은 쉽다. 당신은 누군가 실제 영어를 말하는 것을 듣는다. 그리고 당신이 새로운 단어를 들었을 때, 그것을 적는다. 또는 당신이 이야기를 읽을 때나 새로운 단어를 보았을 때, 그것을 적는다. 단지 하나의 단어로만 적지 말아야 한다. 전체 구절과 문장을 포함해서 적어야 한다.

다시 말하면 당신은 언어를 청크(말의 덩어리, chunks)로 배운다. 그래서 하나의 단어, 'hate 싫다'를 단지 적는 것 대신에 당신은 "John hates ice cream. 존은 아이스크림을 싫어한다."라고 적어야 한다. 당신은 전체 구절과 그 의미를 적어야 한다.

왜 우리가 이렇게 하는가? 구절의 힘은 무엇인가? 우선 한 가지는, 구절은 당신에게 많은 정보를 준다. 하나의 단어로부터 얻는 것보다 훨씬 더 많은 정보를 당신에게 준다. 그 결과, 구절은 기억하기 더 쉽다, 왜냐하면 더 깊은 의미가 포함되어 있기 때문이다. 구절은 당신에게 일종의 그림이나 이야기를 보여 주는데, 특히 당신이 듣고 있거나 읽고 있을 때 더 그렇다. 당신이 "John hates ice cream. 존은 아이스크림을 싫어한다."를 들었을 때, 당신은 전체 작은 이야기(문장 안의 개별적인 데이터 의미정보)를 기억한다. 당신은 존

이 누구인지를 기억한다. 당신은 그가 아이스크림을 가지고 있다는 것을 기억한다. 그리고 그가 그것을 싫어한다는 것을 기억한다. 그는 아이스크림을 좋아하지 않는다. 그렇지 않은가? 그래서 당신은 이러한 모든 추가 정보를 이해하게 된다. 이 추가 정보는 문맥 안의 단어에 들어 있다. 그것은 단어의 의미뿐 아니라 구절의 의미도 기억하도록 도와준다. 많아 보이지 않을 수도 있지만, 사실 추가 정보는 기억에 큰 도움을 준다. 구절을 배움으로써 당신은 더 많은 어휘를 배우게 될 것이고, 더 빨리 배우고 더욱더 오래 기억하게 된다.

또 다른 보너스도 있다. 당신이 구절을 배울 때, 단지 개개의 단어만을 배우는 게 아니라 문법도 또한 배운다. 당신은 그 단어를 정확히 다른 단어들과 함께 사용하는 법을 배운다. 문법에 대해서는 생각할 필요가 없다. 당신은 문법 규칙을 알 필요도 없고 단어 순서나 동사 시제에 대해 걱정할 필요도 없다. 문법은 자동으로 습득된다. 이것이 바로 당신이 문법을 기억하는 방식이기 때문에 당신은 구절 안에서 정확하게 단어를 사용할 수 있다.

'노력이 필요 없는 영어' 시스템에서, 구절로 배우는 것은 당신이 문법 규칙에 대해 생각하지 않고 문법을 직관적이고 무의식적으로 배우는 하나의 방법이다. 구절은 당신에게 자연적인 말하기 영어 문법을 가르친다. 구절을 배움으로써, 당신은 자동으로 문법과 어휘 둘 다 동시에 배운다. 한 번에 둘을!

'대부분의 학생들이 소유하고 있는 영어 사전으로 단어를 찾기는 쉽다. 하지만 구절은 항상 문자 그대로 번역될 수 없기 때문에 더 많은 어려움을 줄 수 있다. 그래서 모든 학생에게 좋은 관용어 사전(idiomatic dictionary) 혹은 영어 관용어 사전을 권한다. 관용어는 언어에서 쓰이는 일반적인 구절이나 속담이다. 만약 당신이 온라인에서 '영어 관용어 사전'을 검색하면, 이러한 책 중에서 준비가 된 책 한 권을 발견할 수 있다.

## 자연적인 방법으로 배우기

이것이 바로 실질적으로 원어민이 처음에 영어 문법을 배우는 방법이다. 그것은 당신이 당신의 모국어를 배우는 방법이기도 하다. 우리가 어릴 때, 우리는 구절로 배웠다. 우리는 단어의 그룹으로 배웠다. "Give it to me. 나에게 주세요." "Walk across the street. 길을 건너라." "He fell down. 그는 넘어졌다." (주의 : 어떤 경우에는 내가 언급하는 구절이 위의 "He fell down. 그는 넘어졌다." 예와 같이 주어와 동사를 모두 포함하고 있는 완전한 문장일 수 있다. 다른 경우에는, 문장 내에서 구절은 몇 단어일 수도 있다. 이 책에서 나는 자연적인 단어 그룹을 설명하기 위해 '구절 phrase'이라는 단어를 사용하고 있다.)

정리하면 우리는 단지 하나의 단어가 아니라 단어들의 그룹으로 배운다. 단어 하나씩은 느리고 문법에도 도움이 되지 않는다. 그러나 전체 구절로 배운다면, 추가적인 정보까지도 얻게 된다. 어쩌면 당신도 모르는 사이에 알게 된다.

우리의 예문으로 돌아가 보자. "John hates ice cream. 존은 아이스크림을 싫어한다." 우리의 초기 단어가 'hate 싫다'였던 것을 기억한다. 그러나 지금 당신은 끝에 's'가 있음을 본다. 'hates', 그렇지 아니한가? "John hates." 당신은 문법 공부를 통해 주어와 동사를 일치하도록 해야 한다는 것을 알고 있지만, 그것에 대해 생각할 필요는 없다. 당신은 끝부분에 's'가 있는 'hates'인, 구절의 단어로부터 문법을 배운다. 그리고 미래에, 당신이 "John hates ice cream. 존은 아이스크림을 싫어한다." 혹은 "He hates ice cream. 그는 아이스크림을 싫어한다."이라고 말할 때마다, 그것이 당신이 배운 방법이기 때문에 자동으로 's'를 덧붙인다. 당신은 동사 활용을 기억하느라고 시간을 보낼 필요가 없다. 왜냐하면 당신은 구절로부터 정확히 배웠고 지금 그것이 자동화되었기 때문이다.

물론 당신이 실제로 이것 모두에 대해서 의식적으로 생각할 필요는 없다. 단지 구절을 배움으로써, 당신은 자동으로 정확한 동사 활용을 배울 것이다. 문법 용어에 이름을 붙이거나 분석하는 추가적인 단계를 하지 않는다. 이것이 바로 구절을 배우는 것이 더 빠르게 말하고 더 빠른 이해를 하게 되는 이유이다.

반면 당신이 교과서로부터 이 모든 것을 배운다면, 단지 'to hate

싫다'라는 단어의 원형을 배울 것이고 이 형식에 집중한다. 'hate 싫다', 'hate 싫다', 'hate 싫다'. 그래서 당신은 그것을 공부하고 기억한다. 그때 실수하기 시작한다. 왜냐하면 다른 단어 없이 대부분 이런식으로 외웠기 때문이다. 이후에 당신은 그 단어의 활용 모두를 기억하려고 노력한다. 그러나 당신이 다른 단어와 함께 배우지 않았기 때문에, 때때로 당신은 "He hate ice cream. 그는 아이스크림을 싫어한다."이라고 말할지도 모른다. 당신은 정확히 구절 안에서, 문장에서 배우지 않았기 때문에 's'를 잊어버리게 된다. 그리고 실제 대화에서 동사 활용을 생각할 시간은 없다.

구절을 배우는 것은 또한 당신의 발음에도 도움을 줄 수 있다. 영어 학습자들에게서 발견하는 가장 큰 문제점 중 하나는 이상한 리듬과 높낮이로 말한다는 점이다. 리듬과 높낮이는 영어의 '음악'이다. 많은 학생이 v, b, r, 그리고 l과 같은 개별적 소리 발음을 걱정하는 반면에, 그들의 가장 큰 문제점은 부자연스러운 리듬이다.

영어의 리듬은 멈춤의 자연스러운 형식으로 만들어진다. 원어민들은 구절 사이에서 자연스럽게 멈춘다. 그들은 짧은 영어 청크(말의 덩어리, chunks)인, 구절로 이루어진 언어를 말한다. 그들은 주로 구절로 영어를 배웠기 때문에, 그들의 발음은 분명하고 이해하기도 쉽다. 반면에 많은 학생들은 개별 단어를 기억하면서 영어를 배운다. 그래서 말하려고 할 때, 그들은 한 번에 한 단어씩 단어별로 말한다. 그 결과 그들은 종종 이상한 곳에서 멈춘다. 그들은 부자연스러운 단어 그룹을 만든다. 이것은 많은 원어민이 이해하기 곤란한 매우 이상하고 부자연스러운 리듬을 만들어 낸다. 이것은 말하는 사람과 듣는 사람 모두에게 좌절감을 준다.

그러므로 말하기를 향상시키는 가장 쉬운 방법 중 한 가지는 단어별보다는 구절을 배우고 구절을 말하는 일이다. 이 단순한 변화가 당신의 영어 말하기를 훨씬 명확하고 이해하기 쉽게 만든다. 당신은 더욱더 자연스럽게 소리 내게 된다. 단어는 더욱더 쉽게 나온다. 당신은 발음과 유창성 둘 다 향상된다. 심지어 문법도 배우게 된다.

## 구절은 어디서 찾는가

그럼 학생들은 이 구절을 어디서 얻을까? 어떤 것을 배워야 하는지 어떻게 알 수 있을까? 좋은 소식은 당신은 그것들을 어디서든지 찾을 수 있다는 사실이다. 모든 자연스러운 영어 내용은 풍부한 구절을 포함하고 있다. 앞으로의 챕터에서, 나는 당신에게 어디서 유용한 영어 구절을 얻을 수 있는지 구체적으로 말해줄 생각이다. 하지만 지금은 당신이 듣고 있거나 읽고 있는 영어에서 구절을 얻는 것에 집중하라.

이것을 하기 위해, '구절' 노트를 준비한다. 매번 당신이 새로운 단어 혹은 구절을 보고 들을 때마다 노트에 그 구절을 적는다. 수업에서, 듣고 있는 어떤 것에서, 책에서, 기사에서 새로운 영어 단어를 발견할 때마다 그 구절을 적는다. 단지 하나의 단어가 아니라 전체 구절을 적는다. 그리고 매일 반복해서 그 구절을 복습한다. 이렇게 함으로써 당신은 노트를 단지 개별 단어가 아닌, 당신이 사용할 수 있는 구절과 문장으로 가득 채우게 된다. 당신은 스스로를 단어별 대신에 구절로 말하도록 프로그래밍한다.

예를 들어 만약 당신이 은행 강도에 관한 영화를 보고 있다면, 당신은 아마도 배우가 "They're getting away. 그들은 도망치고 있다."라고 말하는 것을 들을 수 있다. 당신도 알다시피 get은 '어떤 것을 얻는다'라는 의미이고 away는 훨씬 멀리far away처럼 '멀리 있다는 것을' 가리키는 게 분명하다. 그러나 두 개 의미의 연결이 혼란스럽다. 그래서 당신은 "They are getting away. 그들은 도망치고 있다."라고 적는다. 그리고 나서 관용어 사전에서 찾아볼 때, 당신은 'to get away 떠나다'의 의미 중 하나가 '도망간다'라는 것을 배운다. 당신은 때때로 사람들이 휴가 가려고 할 때, 'getting away 휴가 가다'라고 말한다는 것을 또한 발견한다. 비록 당신이 이전에 단어 리스트에서 'get 얻다'와 'away 멀리'라는 단어들을 기억했다고 하더라도, 영화 속에서 그 배우가 무엇을 말하는지 이해가 잘 안 된다. 그러나 당신이 구절을 적은 이후로, 당신은 이제 많은 다른 상황에서 사용하는 새로운 표현을 안다.

여기 또 다른 예가 있다. 누군가 그들의 예전 애완동물을 "He

was a bad dog. 나쁜 개였어."라고 말을 하면서 설명했다고 하자. 그것은 매우 단순한 구절이다. 그러나 당신은 공책에 그것을 적는다. 복습할 때마다 당신은 그 완벽한 구절을 공부한다. 그렇게 함으로써 당신은 'he was'라는 공짜 문법을 얻는다. 당신은 그 개가 주위에 있었다는 것이 현재가 아니라 과거의 사실이었다는 것을 안다. 당신은 또한 단어 사용에 대한 몇몇 공짜 팁을 얻는다. 예를 들어 비록 그 의미가 정확하더라도, 보통 "He was a horrendous dog. 무서운 개였어."라고 말하지 않는다. 정상적인 영어에서, 우리는 개를 묘사하기 위해 그런 단어를 보통 사용하지 않는다. 이것은 당신이 'horrendous 무서운' 단어의 정의를 공부해서 배울 수 있는 것이 아니다. 당신은 구절을 공부함으로써 그것을 배운다.

당신이 구절을 적을 때, 출처가 어디인지도 적어라. 만약 당신이 구절을 경제 신문 기사에서 보았다면 그것을 적어라. 왜냐하면 그 출처는 당신의 기억을 떠올리게 할 것이기 때문이다. 그것은 단어가 어떻게 사용되고 어떤 맥락에서 사용되는지를 상기시켜 준다. 당신은 특정 구절과 단어가 사용되는 경우와 사용되지 않는 경우를 배우기 시작하여 올바른 내용과 문장을 어떻게 조합해야 하는지에 대해서 알 수 있게 된다.

'노력이 필요 없는 영어' 방법의 첫 번째 법칙은 매우 단순하다. 하지만 어휘를 배우는 방법에 대한 이러한 아주 작은 변화는 문법, 발음 그리고 새로운 단어에 대한 기억력에 영향을 미친다. 첫 번째 법칙은 다른 법칙들과 상승작용을 하며 작동하는 심오한 지식의 한 부분이다.

　다음 챕터에서 당신은 아마도 '노력이 필요 없는 영어' 시스템의 가장 놀라운 법칙을 배우게 된다. 두 번째 법칙은 당신을 학교에서 사용하는 문법 번역식 방법으로부터 자유롭게 하고 영어 학습의 지루함과 고통을 대부분 제거하게 만든다.

## 발음 향상시키기

발음은 대부분의 영어 학습자들에게 큰 걱정이다. 구절을 배우는 것은 도움이 될 것이다. 그러나 당신이 더욱더 향상하기 위해 해야 할 또 다른 연습이 있다. 발음과 함께 가장 큰 도전 중 하나는 원어민 억양을 사용하려고 할 때 이상하게 느끼는 문제이다.

　예를 들어 많은 학습자들은 미국식 억양을 사용하려고 할 때 부자연스럽게 느낀다. 그들은 자신이 정상적이지 않거나 자기 자신이 아니라고 느낀다. 그들의 목소리는 그들에게 낯설게 느껴진다. 다른 언어를 말하는 것은 자연스럽게 다른 소리를 만들어 내도록 하므로 이것은 정상이다.

　그래서 어떻게 당신이 더 자연스러운 영어 발음을 개발할 수 있을까? 내가 제안하는 한 가지 전략은 영화와 함께 작은 게임을 하는 방법이다. 게임에서 당신은 가장 좋아하는 남자배우 혹은 여자배우가 되도록 노력한다. 이것은 내가 뒤의 챕터에서 좀 더 상세하게 설명할 영화 기법의 변형이다. 당신이 말할 때 당신이 그 영화배우인 척한다. 영어에 대해 걱정하는 대신에, 정확히 그 배우가 하는 대로 말하는데 집중한다.

사실 이것을 게임처럼 생각하고 배우의 발음, 행동 그리고 얼굴의 표정을 **훨**씬 과장되게 하는 것이 중요하다.

때때로 나의 수업 시간에, 나는 수많은 고전 서부영화에서 영웅 역할을 하고 전형적인 미국인으로 여겨졌던 유명한 배우 존 웨인을 모방한다. 나는 카우보이 부츠를 신고 나쁜 놈들을 쫓을 준비가 된 것처럼 나의 학급을 돌아다닌다. 아마 당신은 톰 크루즈, 줄리아 로버츠 혹은 다른 영화 스타의 역할을 하는 것이 더욱더 편안할 수도 있다. 핵심은 그들의 발음을 과장되게 하고 그들처럼 말하도록 자신을 채찍질하는 방법이다. 즐겁게 해라. 그러면 이것이 얼마나 많이 당신의 발음에 도움을 주는지 놀라게 될 수 있다.

---

*chapter*

# 10
# 두 번째 법칙 :
# 문법 공부는 영어 말하기를 죽인다

방법의 두 번째 법칙은
대부분의 학습자에게 가장 충격적이다. 학교에서 수년간 영어를 공부한 후에, 대부분의 사람은 문법 공부가 영어 말하기의 핵심이라고 믿는다. 그들은 숨겨진 커리큘럼에 의해 깊게 설정된 강한 믿음을 가지고 있다.

그래서 두 번째 규칙이 그렇게 큰 변화인 이유이다. '노력이 필요 없는 영어' 방법의 두 번째 법칙은 문법 공부를 하지 말라이다. 지금 이것은 당신이 받아들이기에 어려운 생각일 수 있다는 것을 나는 안다. 현실을 보자. 영어를 공부해 온 지 오랫동안, 당신은 반드시 문법 규칙을 배워야 한다고 들어왔다. 중학교에서, 고등학교에서, 대학교에서, 어학원에서, 전 세계 모든 곳에서. 그것은 문법, 문법, 문법, 문법이다.

그래서 나의 첫 번째 질문은 "이 전략이 당신에게 어떤 효과가 있었나요?" "성공했나요?" 이다. 만약 이 책을 읽고 있다면, 당신은 몇 년 동안 영어를 공부했을 것이고 문법 규칙에 많이 집중했을 것이다. 그러나 당신은 영어를 쉽게 빨리 자동으로 지금 당장 말할 수 있는가? 이 문법 공부 모두가 당신이 원하는 결과를 가져왔는가?

만약 대답이 '아니오'라면, 당신은 정상이다. 왜냐하면 당신이 학교에서 배웠음에도 불구하고 사실 문법 공부는 실제로 당신의 영어 말하기를 해치기 때문이다. 문법 공부의 문제는 영어를 말하는 것 대신에 문법을 분석하는데 집중하는 것에 있다. 이것은 실력을 향상하기 위해서 물리학을 공부하고 있는 축구선수와 같다. 당신은 많은 정보를 배우지만 당신의 실력은 결코 더 향상되지 않는다.

다시 말해 당신은 영어를 말하는 대신에 영어에 대해 생각을 한다. 당신은 과거 시제, 현재 시제, 미래, 현재 완료, 과거 완료를 생각한다. 지금 글쓰기를 한다면 생각하는 것은 나쁘지 않다. 당신이 영어로 글을 쓸 때는 시간이 있다. 당신은 글쓰기에 대해 느리게 생각할 수 있고 시간을 가질 수도 있다. 실수를 지울 수도 있다. 그것은 문제가 되지 않는다. 당신은 전혀 빠르게 쓸 필요가 없다.

그러나 말하기를 할 때는 시간이 없다. 당신이 사람들과 대화를 할 때 영어의 현재 완료 시제에 대해 생각을 할 시간은 없다. 만약 누군가 당신에게 질문한다면, 당신은 그것에 대해 즉각 대답해야 한다. 당신은 전치사에 대해서 생각할 시간이 없다. 당신은 동사 시제, 소유격, 구동사 등 당신이 배웠던 모든 다른 언어적 용어들을 생각할 시간이 없다. 시간이 전혀 없다.

오스카Oscar라고 불리는 바르셀로나에 있는 나의 학생은 한때 이 문제로 고심을 했다. 그는 대화 기술을 향상하기를 원했다. 그러나 그가 생각하는 모든 것은 문법이었다. 현재 완료 혹은 다른 시제를 사용할 수 있을까? 그런 것이었다. 그는 자신이 쇠사슬에 묶여서 말이 나오지 않는 것 같다고 말했다. 그래서 그는 문법 공부를 멈추었다. 다음 몇 달 동안 그의 말하기는 극적으로 향상되었다. "그것은 내가 의식적으로 말하기에 대해 생각을 하지 않을 때 나오기 시작했다."

연구는 이것을 지지하고 있는데, 그게 바로 스티븐 크라센Stephen Krashen과 같은 언어학자들이 더 자연스러운 접근법을 추천하는 이유이다. 크라센은 "의식적인 문법 규칙의 광범위한 사용과 지루한 반복연습은 필요치 않다."라고 언급했다.

문법 설명의 메타분석에서 연구자들은 지난 세기 동안의 연구를 통해 문법을 직접 가르치는 게 중요한 효과가 없었다는 것을 발견했다. 연구는 명확하다. 문법 규칙을 배운다고 당신의 구어 문법이 향상되지 않는다. 당신은 이것을 말할 때 알 수 있다. 당신이 비록 정확한 규칙을 '알았다'라고 하더라도, 말할 때 얼마나 많은 문법 실수를 해오고 있는가?

예를 들어 문법 시험에서 잘하던 많은 학생들도 심각한 구어 문법을 사용한다. 그 학생들은 당신에게 'teach 가르치다'의 과거 버전이 'taught 가르쳤다'라고 말한다. 그러나 말할 때, 그들은 "Last year he teach me. 작년에 그는 나를 가르치다."라고 말한다. 머릿속으로 규칙은 알고 있지만 말하기에는 도움이 되지 않는다.

또 다른 문제는 늦고 주저하는 말하기이다. 말하는 동안 학생은 끊임없이 동사 활용을 생각한다. 이러한 분석적인 모든 것은 말하기를 늦게 하고 듣는 사람을 고통스럽게 하고 부자연스럽게 만든다. 간신히 정확하게 말을 했다고 하더라도 그렇게 늦어지고 주저함으로써 자연스러운 커뮤니케이션은 사라진다.

## 실제 영어는 어떻게 들리는가

실제 영어 대화는 까다롭다. 실제 대화는 당신이 학교에서 배웠던 것과 비슷하지 않다. 사실 그것은 종종 완전히 다르게 느껴진다.

한 가지 중요한 차이점은 실제 말하기는 완전하거나 '문법적으로 정확한' 문장을 좀처럼 사용하지 않는다는 사실이다. 물론 학교에서는 그것만이 당신이 배운 유일한 종류의 문장이다. 당신은 주어-동사-목적어를 배운다. 당신은 문장 파편(문법적으로 불완전한 문장)들을 피해서 배운다.

그리고 나서 당신은 원어민들의 실제 영어 대화를 듣고 그들이 대부분 문장 파편을 사용한다는 것을 알게 된다.

이것은 내가 '노력이 필요 없는 영어' 강좌 중의 몇 가지 내용물을 읽었을 때 즉시 알아차렸다. 나는 우리 대부분이 평상시 말할 때 많은 파편을 사용하는 경향이 있음을 알았다. 그러나 우리가 얼마나 자주 이렇게 하는지에 대해서 나조차도 놀랐다.

사실 우리는 끊임없이 불완전한 문장을 말한다. 우리는 끊임없이 계속해서 문장을 사용한다. 우리는 대화 중간에 끊임없이 문장을 방해받고 생각을 바꾼다. 실제 대화의 글 내용, 즉 완전히 자발적이고 자연적인 대화는 당신이 교과서에서 발견하는 그것과는 완전히 다르다.

그것이 유일한 한가지 차이점이다. 실제 영어 대화와 교과서 대화 또는 소위 '다이얼로그' 사이에는 많은 다른 중요한 차이점들이 있다.

이것은 왜 '고급' 영어 학생들조차 미국에 왔을 때 그런 문제를 겪는지 설명하는데 도움이 된다. 이 학생들은 풍부한 개별 어휘(일반적으로 형식적인)를 습득하고 있을지 모르지만, 그들은 실제 구어체 영어에 전혀 노출되지 않았다. 학교에서 학생들은 사람들이 어떻게 영어를 말해야 하는지를 배웠다. 그러나 그들이 정말로 배워야 할 것은 사람들이 실제로 어떻게 영어를 말하는가이다.

# 문법에 대한 진실

때때로 사람들은 나에게 묻는다. "A.J. 왜 문법에 대해 반대하나요?" 내가 대부분의 문법에 대해 반대하는 건 아니라고 명백하게 밝히는 게 중요하다고 생각한다. 나는 단지 사람들이 문법을 직관적으로 인지해서 배우는 게 필요하다고 생각한다. 그래서 교사로서 나는 문법을 간접적으로 가르쳐야 할 필요가 있다고 생각한다.

'직관적인 문법intuitive grammar'이란 정확히 무엇인가? 구어체 문법의 직관적인 숙달은 소리의 '정확함에 대한 느낌feeling for correct-ness'에 기반을 둔다. 이것은 원어민들이 영어 문법을 배우고 숙달하는데 사용하는 방법이다. 문법 공부를 하지 않고 구절을 배우고 다른 자연적인 방법을 사용하면서 원어민은 '소리가 옳은 것sounds right'을 확인하면서 배운다.

당신도 자신의 언어를 같은 식으로 배운다. 당신이 말할 때, 당신은 동사 시제 혹은 문법을 생각하지 않는다. 만약 당신이 다른 사람이 실수하는 것을 듣는다면, 당신은 '소리가 잘못된sounds wrong' 것이기 때문에 실수라는 것을 안다.

직관적인 문법의 숙달은 빠른 영어 대화를 하게 하는 유일한 문법 학습이다. 당신의 직관력은 빠르지만, 의식적으로 분석하는 마음은 그렇지가 않다. 당신은 반드시 자연스러운 과정을 믿으며 문법은 자동으로 향상되도록 놔두면서 배워야 한다.

나의 학생들은 보통 두 부류로 나뉜다. 두 번째 법칙에 대해서 흥분하는 사람과 회의적인 사람이다. 나는 보통 이 두 번째 그룹에게 믿고 시도하라고 말한다. 과학자처럼 시도한다. 당신은 영어를 전통적인 방식으로 배우는데 많은 시간을 보냈으니 그 결과를 확인한다.

그런 식으로 작은 실험을 시도한다. 6개월 동안, 여러분 자신을 완전히 '노력이 필요 없는 영어' 방법에 전념을 한다. 심리 시스템을 사용한다. 7가지 법칙도 모두 사용한다. 오로지 6개월 동안 당신의 모든 노력을 투여한다.

그리고 나서 결과를 확인한다. 당신의 영어 말하기가 향상되었는가? 당신이 '노력이 필요 없는 영어' 6개월간으로 얻은 결과와 전통적인 학교 방법으로 얻은 결과를 비교한다. 만약 '노력이 필요 없는 영어' 결과가 더 좋다면 그리고 대부분의 사람에게 더 나은 결과를 가져다준다면, 계속해서 '노력이 필요 없는 영어'를 사용하라. 만약 당신이 여전히 문법 공부를 더 좋게 느낀다면, 언제든지 그 방법으로 돌아갈 수 있다.

## 숨겨진 커리큘럼은 깨기 어려울 수 있다

내가 샌프란시스코에서 영어를 가르칠 때, 지니Jinny와 재키

Jacky(그들의 미국식 별명)라고 불리는 2명의 한국 학생들이 있었다. 이 학생들은 각자 말하기로 힘겨워하고 있었지만 미국 대학에 진학하기를 원했다. 대학에 입학하기 위해 학생들은 듣기와 말하기 부분들이 포함된 새로운 토플TOEFL 시험을 통과해야만 했다.

지니와 재키는 수년간 한국에서 영어 문법을 공부하면서 보내왔다. 그 결과 그들의 말하기는 느리고 부자연스러웠으며 주저했다. 그들은 끊임없이 실수할까 봐 두려워하며 말을 할 때 초조해했다.

나의 수업 학생이었기에 그들 각자에게 두 번째 법칙을 가르쳤다. 나는 그들에게 문법 공부를 멈추라고 말했다. 나는 그들에게 문법책과 토플책을 없애라고 말했다. 나는 그들에게 문법에 대해 생각하는 것조차 멈추기 위해 최선을 다하라고 말했다.

처음에 두 학생 모두 회의적이었다. 왜냐하면 이 조언은 그들이 학교에서 이전에 배웠던 모든 것들에 반대되기 때문이었다. 지니는 결국 나의 조언을 받아들이기로 했으나 재키는 아니었다. 몇 달이 지난 후 지니는 완전히 문법 공부를 멈추었다. 불행하게도 재키는 계속했다. 나는 종종 재키가 수업 후 카페에서 문법과 토플책을 공부하는 것을 보았다.

점차 지니는 영어에 대해서 더욱더 여유 있게 느끼기 시작했다. 그녀의 말하기는 더욱더 자연스럽고 유창하게 되었다. 그녀는 자신의 발전에 감격했다. 그러나 재키는 향상되지 않았다. 그녀는 내게

와서 다시 조언을 구했다. 그녀는 다시 한 번 필요한 토플 점수를 얻는데 실패했다.

다시 나는 재키에게 문법 공부를 멈추라고 같은 조언을 했다. 그러나 계속되는 실패에도 불구하고 그녀는 나를 믿지 않았다. 숨겨진 커리큘럼의 믿음이 그녀에게 너무나 강해서 그녀는 쉽게 또 다른 방법을 받아들일 수 없었다. 그래서 그녀는 계속해서 문법책과 토플책에 집중했다.

내가 그 직장을 그만뒀을 때 지니는 미국 대학으로 옮겨갔다. 그러나 재키는 여전히 어학원에 있었다. 그녀는 여전히 문법을 공부하고 있었고 여전히 성공을 거두지 못하고 있었다.

지니와 재키의 이야기는 숨겨진 커리큘럼이 얼마나 강하게 영향을 미치는지 보여 주기 때문에 중요하다. 수년간의 좌절과 실패에도 불구하고 일부 사람들은 문법 공부에서 벗어날 수 없는 것 같다. 그들은 수년 동안 실패한 같은 방법(문법 공부를 통한 방법)을 계속 사용하며, 영어를 자연스럽게 말하는 것을 결코 배우지 못한다.

나에게, 문법공부는 숨겨진 커리큘럼의 최악의 비극이다. 이러한 제한하는 믿음은 많은 사람을 실패의 악순환으로 몰아넣는다. 이런 좌절과 스트레스의 사이클을 보는 것은 나를 슬프게 한다.

일부 사람들에게 두 번째 법칙을 받아들이는 것은 어려울 수 있다. 그러나 이 법칙은 당신의 말하기 성공을 위해 필수적이다. 지니와 많은 '노력이 필요 없는 영어' 멤버들이 증명했듯이, 구어 문법은 문법 규칙을 공부하지 않고도 숙달될 수 있다.

내가 당신에게 기억하길 바라는 것은 매우 간단하다. 문법 규칙을 공부하지 마라. 만약 당신이 문법 규칙에 집중하면, 그것은 당신의 말하기를 해칠 수밖에 없다. 당신은 더욱 늦게 말하게 되고 더욱 늦게 이해하게 된다. 단호하게 말하면 문법은 영어를 말하는 것을 방해한다.

그래서 만약 당신이 문법책을 가지고 있다면, 집어던져 버려라. 문법책에 영원히 안녕을 고해라. 만약 당신이 원한다면 불속에 넣어 태울 수 있다. 기념하라. 왜냐하면 문법 공부는 백해무익하기 때문에, 그것은 사실 당신의 말하기 능력에 해롭다.

## 연습하기

**연습** : 문법 휴가를 가져라. 앞으로 6개월 동안, 문법을 공부하지 않겠다고 결정해라. 사실, 문법 규칙을 완전히 잊어버리도록 최선을 다해라. 문법책을 보지 말고 문법 규칙을 잊어라. 문법에 대해 생각이 날 때마다, 즉시 관점을 바꾸어라. 문법 공부를 하지 않는 시간 동안 실수를 걱정하는 대신에, 그것들을 받아들이도록 하라. 그런 실수가 정상적이고 필요하다고 받아들이는 것이 중요하다.

대화에 집중하라. 사실 원어민들은 당신이 문법상의 실수를 해도 여전히 당신을 이해한다. 학교는 실수를 싫어하지만 평범한 사람들은 정말 신경 쓰지 않는다. 그들은 단지 당신의 생각, 감정을 듣고 싶을 뿐이다. 사실 원어민들도 문법 실수를 하지만 그것에 대해 불안해하지 않는다.

*chapter*

# 11

# 세 번째 법칙 :
# 당신의 눈이 아니라 귀로 배워라

영어 말하기를 배우는
나의 세 번째 법칙은 단순하다. 그러나 강력하다. 사실 나는 보통
이것이 가장 중요한 규칙이라고 말한다. 왜냐하면 이것이 우리가
모두 어렸을 때 언어를 배우는 방법이기 때문이다. 대부분의 영어
수업이 왜 그것을 더 강조하지 않는지 의아함을 가질 정도로 너무
쉬운 것이다.

여기에 있다. 눈이 아니라 귀로 배워라. 그것은 옳다. 만약 당신
이 훌륭한 영어를 말하기 원한다면 당신은 들어야 한다. 듣기, 듣기
그리고 더 많은 듣기가 훌륭한 영어를 말하는 비밀이다. 만약 당신
이 많이 듣는다면, 어휘를 배우게 된다. 문법도 배우게 된다. 말할

때 빨라질 것이고 사람들이 당신에게 말하는 것을 이해할 수 있게 된다. 당신은 이 모든 것을 더욱더 자연스럽고 즐거운 방법으로 하게 된다. 당신은 아기와 아이들이 언어를 배우기 위해 사용하는 과정을 모방할 것이다.

언어 학습의 학문적인 연구를 통해, 특히 초기 단계에서 지속적인 듣기가 전체 언어 능력에서 가장 중요한 요인임이 밝혀졌다. 사실 이것은 당신이 듣고 있는 대부분을 이해하지 못하더라도 진실이다. 그것은 새로운 단어를 배우는 우리의 능력이 직접적으로 그 단어를 구성하는 소리의 조합을 우리가 얼마나 자주 들어왔느냐와 관계 있다고 2009년 그 주제에 대한 연구를 수행한 뉴질랜드 빅토리아 대학의 연구자인 폴 슐츠버거Paul Sulzberger 박사가 말했다. "언어를 배우고 이해하는데 필요한 신경조직은 그 언어에 단순히 노출되는 것으로부터 자동적으로 발달하게 된다."라고 했다. "이것이 아기들이 그들의 첫 언어를 배우는 방법이다."

아기와 아이들이 사용하는 과정을 기억하는가? 아기들은 듣기를 통해서 배운다. 그들은 문법 규칙을 공부하지 않는다. 그들은 교과서를 사용하지 않는다. 그들은 시험을 치지도 않는다. 그러나 어린아이들은 문법을 포함하여 영어를 구사한다. 사실 당신이 더 이상 초보자가 아니라 해도 영어를 공부하는 시간의 80%는 듣기에 보내야만 한다고 전문가들은 말한다. 불행하게도 대부분의 전통적인 언어 수업은 듣기를 강조하지 않는다. 그래서 만약 당신이 학교에서 영어를 공부했다면, 당신은 아마도 눈으로 대부분을 배웠을 것이다. 나는 많은 다른 나라에서 많은 영어 수업을 관찰해왔고 그것들은 모두 같았다. 중학교, 고등학교, 대학교 혹은 사립학교 대부분의 영어 교사들은 교실에서 교과서에 집중한다. 짧은 '대화 연습'은 있지만, 전체 수업은 교과서로 정의되고 운영된다.

지금 만약 당신의 목적이 대학에서 영어로 학위를 얻는 것이라면, 이것은 공부하기에 훌륭한 방법이다. 그러나 만약 당신이 실제 영어 말하기를 원한다면, 이런 전통적인 방법으로는 할 수 없다. 왜일까? 비록 당신이 수년간 공부를 했지만, 당신은 기본적으로 영어를 분석적으로 배웠기 때문이다. 당신은 영어에 대해 생각하고, 영어에 대해 말하고, 영어를 번역하는 것을 배웠다. 또한 문법 규칙에 대해서도 많이 알고 있다. 사실 원어민들은 문법 규칙을 매우 많이 공부하지 않기 때문에 당신은 대부분의 미국인, 대부분의 캐나다인, 대부분의 영국 사람보다도 문법 규칙에 대해 더 많이 안다.

영어 대화는 다르다.

원어민들은 듣기를 통해 그들의 귀로 영어 말하는 것을 배웠다. 그리고 만약 당신이 원어민처럼 영어를 빠르게, 자동적으로 그리고 자연스럽게 말하기를 원한다면 듣기가 당신이 해야만 하는 일이다.

영어를 배우는 데 가장 중요한 요소를 스티븐 크라센 박사는 '이해 가능한 입력 Comprehensible Input'이라고 부른다. 다른 말로 이해할 수 있는 입력 Understandable Input이다. 입력은 뇌로 무엇인가가 오는 것을 언급한다. 당신은 영어 입력을 2가지 방법으로 얻는다. 듣기와 읽기를 통해서이다. 특정 형태의 읽기는 매우 유용하고 유익하다. 그러나 말하기를 배우는 가장 강력한 입력의 형태는 듣기이다.

이해 가능한(이해할 수 있는) 입력 방법은 전통적인 방법들(문법 공부, 반복 연습, 연습 문제, 말하기 연습)보다 더욱더 효과적인 것으로 나타났다. 그 연구는 말하기가 듣기의 결과로 발생한다는 것을 보여 준다.

아기와 아이들을 다시 보자. 듣기가 항상 첫 번째 단계이다. 아이들은 듣기를 통해 이해되기 전까지 이야기하지 않는다. 아이들은 언어를 많이 이해할 때까지 항상 오랫동안 듣는다. 그리고 나서야 그들은 말하기 시작한다. 이러한 듣기인 '침묵의 시간silent period'은 자연적인 언어 학습의 과정에 절대적으로 중요하다.

자연적인 언어 학습의 또 다른 특성은 말은 듣기로부터 자연스럽게 나온다는 점이다. 말은 의식적으로 연습하거나 가르치는 기술이 아니다. 오히려 충분히 이해 가능한 듣기를 한 후에 아이들은 갑자기 말하기 시작한다. 그것은 마법처럼 일어난다. 말하기 능력은 듣기 능력에서 비롯된다.

연구원인 '제임스 크로포드James Crawford'는 영어 말하기는 듣기의 결과이고 영어 유창성은 종종 혼자 듣는 것에서 자주 발생한다는 것을 발견했다. 그는 영어 학습은 무의식적인 과정이며, 영어 학습이 진행되는 동안에도 우리는 종종 영어 학습이 일어나고 있다는 것을 알지 못한다고 말한다.

당신은 이것을 땅속에 있는 씨앗으로 생각할 수 있다. 말을 할 수 있는 잠재력인 씨앗은 우리에게 항상 존재한다. 그러나 땅에서 자라서 나오기 위해 씨앗은 물이 필요하다. 마찬가지로 우리 뇌도 말이 쉽게 나오기 위해 많은 이해 가능한 듣기가 필요하다.

당신이 상상할 수 있듯이, 아이들은 그들이 말하기 전에 많은 시간을 듣기에 보내기 때문에 듣기 능력이 항상 말하기 능력보다 높다. 다시 말하면 아이들은 그들이 실제 말로 사용하는 것보다 항상 더 많은 영어를 이해한다. 당신이 '노력이 필요 없는 영어' 시스템을 사용할 때 당신도 같은 것을 경험할 것이다. 당신의 듣기 능력이 자연적으로 말하기 능력보다 더 빠르게 증가한다. 일부 학생들은 이것을 걱정하지만, 그것은 자연스럽고 올바른 과정이다.

이것을 생각하는 또 다른 방법은 듣기가 말하기를 주도하고 끌어당긴다는 사실이다. 듣기는 말하기와 실로 묶여 있는 풍선과 같다. 듣기 레벨이 올라갈 때 말하기 능력도 함께 올라간다. 듣기 수준이 높아질수록 말하기 능력도 높아진다. 그들은 함께 올라가지만, 듣기 능력은 항상 더 높다.

나는 왜 자신들이 문어체 영어에 대한 이해력은 뛰어나지만 잘 말하지 못하는지에 대해 이해하지 못하는 학생들에게서 이런 말을 많이 듣는다. 한 가지 이유는 영어 대화가 영어 읽기와는 상당히 다르기 때문이다. 대화체는 다른 어휘들을 포함해서, 다른 형태의 영어를 사용한다.

영어 대화 어휘는 훨씬 더 격식이 없다. 영어에서 이것은 우리가 대화 중에 색슨어나 고대 영어 어원의 단어를 더 많이 사용한다는 것을 의미한다. 우리는 또한 더 많은 구절 단어(예를 들면 'get away 떠나다', 'calm down 진정하다' 혹은 'cheer someone up 기분을 띄워 주다'와 같은 동사와 부사 또는 동사와 전치사를 가진 2~3단어 구절)를 사용한다.

대화 영어와 문어체 영어의 차이는 '고급 수준'의 학생들조차 일상적인 대화에 어려움을 겪는 한 가지 이유다. 문제는 학생들이 학교에서 더 많은 문어체 영어를 배운다는 사실이다. 문어체 영어는 프랑스어와 라틴어의 어원을 더 많이 사용하는 경향이 있다. 이런 종류의 영어는 사실 스페인어, 이탈리아어, 포르투갈어, 프랑스어와 같은 로맨스 언어를 사용하는 학생들에게 훨씬 더 쉽다. 이 학생들은 영어를 읽을 때 종종 꽤 잘하지만, 일상적인 대화를 이해하는 데는 많은 어려움을 겪는다.

그래서 원어민들과 의사소통을 하고 싶다면, 교과서와 독서만이 아니라 영어 대화와 오디오를 통해 배우는 것이 매우 중요하다.

## 영어 대화 배우기

이것이 듣기가 그렇게 중요한 이유이다. 듣기는 말하기의 기초를 제공한다. 당신의 듣기 능력이 향상될 때, 말하기 능력도 역시 향상될 것이다. 너무 많은 학생이 오로지 말하기에 집중하고 듣기를 무시한다. 그러나 상대방의 말을 이해하지 못한다면 말하기가 무슨 소용이 있겠는가?

듣기가 중요한 또 다른 이유는 구어체 영어의 역동성은 문자 언어의 역동성과는 완전히 다르기 때문이다. 우선 우리가 거의 완벽한 문장으로 말하지 않기 때문에 문법이 다르다. 어휘도 말할 때 사용되는 훨씬 더 많은 관용어와 속어가 있기 때문에 다르다. (상자 참조)

그리고 가장 중요한 것은 속도가 다르다는 점이다. 속도가 빠르다. 너무나 빠르다. 너무 빨라서 당신은 번역, 문법 규칙, 교과서 수업, 발음을 생각할 시간이 없다. 시간이 없다. 당신의 의식적인 뇌는 단순히 실제 말을 분석하고 번역하고 정리할 수 없다. 이것이 당신의 말이 그렇게 느린 이유이다. 이것이 두 명의 원어민이 서로 이야기 나누는 것을 당신이 이해하지 못하는 이유이다.

사실 실제 말하기 속도에 대응하기 위해서, 당신은 의식적인 뇌를 끄고 잠재의식이 그 일을 하도록 해야만 한다. 그렇게 하기 위해 당신의 잠재의식을 깨우는 방법을 사용해야 한다. 당신은 전체적으로, 직관적으로 그리고 자연스럽게 배워야 한다.

근본적으로, 이것은 이해할 수 있는 영어 대화를 많이 듣고 그 대화를 반복하는 것을 의미한다. 당신이 들을 때 의식적인 마음을 잠재우고, 뇌가 단어의 의미를 모두 이해하도록 내버려 둔다. 당신은 개별 단어를 선택하려고 할 필요도 없다. 당신이 이해하지 못하는 몇 개의 단어들에 대해 걱정할 필요도 없다. 마음을 편안히 하고 그 의미가 당신을 적시게 한다. 이때 당신의 마음을 열고 조용하게 한다. 그러고 나서 말하기를 할 때 당신은 단지 그 단어들이 나오도록 내버려 둔다. 고군분투할 필요도 없다. 분석할 필요도 없다. 규칙에 대해 생각할 필요도 없다. 실수에 대해 걱정할 필요도 없다. 번역에 대해 생각할 필요도 없다. 당신은 단지 그 단어들이 입으로 쉽게 나오도록 내버려 둔다. 이것이 바로 나의 학생들이 배운 것이다. 시간은 걸린다. 그러나 당신이 영어를 노력없이 배우는 것에 집중함에 따라 당신의 유창함, 자신감, 정확성은 증가한다.

## 적은 스트레스

영어를 듣는 데 많은 시간을 보내는 또 다른 이점이 있다. 그것은 새로운 언어를 말할 때 사람들이 종종 느끼는 불안을 줄여 준다.

많은 영어 수업들이 새로운 학생들에게 바로 말하도록 강요하지만, 이것은 부자연스러운 접근법이다.

사실 너무 빨리 말을 해야 하는 것은 언어 학습을 늦출 수 있다. 당신의 뇌는 새로운 단어를 처리하고 그것들을 기억 속에 저장하는 데 충분한 시간을 가지지 못했다. 그래서 당신이 영어로 익숙한 구절을 따라 할 수는 있지만, 사람들이 당신에게 말하는 것을 이해하지 못한다. 이것은 부자연스럽고 스트레스를 주는 상황이다.

초급 영어 학습자들에 관한 한 연구에서, 연구자들은 말하기를 강요받지 않고 이해 가능한 듣기에 훈련된 사람들이 전통적인 방법을 사용하여 배웠던 학생들보다 더 잘한다는 것을 발견했다. 게다가 말하기를 지연시키는 것은 학생들의 영어에 대한 전반적인 태도에 긍정적인 영향을 미쳤으며, 교실에서 불안감을 사라지게 했다.

제이 마빈 브라운 J. Marvin Brown 박사는 이 아이디어를 훨씬 더 발전시켰다. 외국인을 위한 태국어 프로그램의 책임자인 브라운 박사는 아기와 어린아이들의 침묵의 시간을 흉내 낼 수 있는 프로그램을 만들었다. 그의 AUA(미국 대학교 동문회, American University Alumni) 태국 프로그램에서 학생들은 매일 이해 가능한 태국어를 듣지만 6개월 혹은 그 이상 말하지 않는다. 학생들은 완벽하게 귀로 듣기에만 집중한다.

대부분의 외국인에게 태국어는 발음하기 가장 어려운 언어이다. 브라운 박사는 침묵의 시간이 학습자의 발음에 강한 긍정적인 영향을 끼쳐 결국 태국어 원어민의 발음에 더 가까운 우수한 발음을 만들어 낸다는 것을 발견했다.

같은 원리는 영어에도 작동한다. 비록 침묵의 시간이 대부분의 중급 학습자들에게 필요하지 않더라도 여전히 그것을 시도해 볼 수 있다. 몇 달 동안 영어 듣기에 완전히 집중한 다음 다시 영어 말하기로 돌아가는 것은 어떨까? 당신은 연습한 적이 없는데도 말하기가 좋아진 것을 발견하게 된다.

## 당신은 무엇을 들어야 하는가?

마음속에 명심해야 할 가장 중요한 사실은 당신은 쉬운 영어를 들어야 한다는 점이다. 당신에게 쉬워야 한다. 그것은 말하고 있는 것의 95% 이상을 당신이 이해해야 한다는 것을 의미한다. 오디오를 멈추지도 않고 사전도 필요 없는 것이어야 한다. 그래서 이것은 아주 쉬워야 한다. 내가 이말을 하는 이유는 대부분의 학생들이 더 어려운 것을 선택하면 그것이 그들에게 도움이 될 것이라고 생각하기 때문이다. 자신이 어린이 프로그램보다는 CNN을 듣고 있다고 말하는 것이 더 인상적으로 들릴 수도 있다. 그러나 만약 당신이 너무 어려운 것을 선택한다면, 당신은 좌절할 수 있다. 쉬운 것을 택한다면, 당신은 자신감을 얻는다.

크라센Krashen 박사의 이해 가능한 입력을 기억해라. 만약 당신이 이해하지 못한다면, 당신은 배우는 것이 아니다. 이해 없이는 향상도 없다. 더 쉬운 듣기가 항상 어려운 것보다 낫다. 결과적으로 더 어려운 자료를 준비하게 되겠지만 시간을 가지고 쉬운 영어를 많이 들어라.

만약 당신이 이제 막 시작하는 단계라면, 영어가 더 쉽게 표현된 어린이들의 프로그램을 들어라. 온라인으로 오디오북을 다운로드로 구입할 수 있고, 오디오북을 즉시 가져와서 시작할 수 있다.

만약 당신이 더욱더 어려운 어떤 것을 듣게 된다면, 당신은 그것을 사용할 수 있지만 보통 텍스트가 필요하다. 오디오 기사나 연설을 받을 수 있고, 텍스트를 사용하여 동시에 읽고 들을 수 있다. 좀 더 고급 학습자들에게, 일상적인 영어 회화의 또 다른 좋은 원천은 영화다. 미국과 영국식 영화를 듣고 자막을 읽어라. 이것은 당신에게 또한 도움을 준다. 단지 기억해라. 듣기가 가장 중요하다. 영화를 최대한 활용하려면 아래의 영화 기법을 사용해라.

만약 당신이 오디오 플레이어나 스마트폰을 가지고 있지 않다면 하나를 구해라. 그것은 당신이 할 수 있을 때 언제든지 편리하게 영어를 들을 수 있게 해줄 수 있는 도구이다. 아침에 일어났을 때 들어라. 일하러 가거나 혹은 집에 있을 때 들어라. 점심시간에도 들어라. 일 마치고 집에 올 때 들어라. 저녁에도 들어라. 즉, 많은 영어 듣기, 쉬운 영어를 많이…… 나는 심지어 아이튠즈 iTunes에 무료 '노력이 필요 없는 영어' 팟캐스트를 하고 있고 당신은 그것을 들을 수 있다. 듣고 들어라.

세 번째 법칙은 바로 나의 모든 과정이 오디오에 기반하고 있는 이유이다. '노력이 필요 없는 영어'는 대부분의 학습이 귀를 통해서 이루어지는 듣기 시스템이다. 이해를 돕기 위해 텍스트를 사용하는 건 괜찮지만 당신의 시간과 노력 대부분을 오디오를 학습하는데 집중하라.

당신이 그것을 어떻게 선택하든, 가능한 한 영어를 듣는 것이 중요하다. 나의 학생 중 몇몇은 처음에는 마음이 내키지 않아 했다. 그러나 그들 중 대부분은 듣기 위해 무엇인가 선택했던 것이 듣기를 즐겁게 만들기 시작했다고 말했다. 또 다른 지루한 교과서 반복 훈련으로 고생하는 대신에, 당신은 긴장을 풀고 당신에게 흥미로운 것을 들을 수 있다.

## 더 많은 듣기 연습

영어 듣기 연습을 할 수 있는 또 다른 좋은 방법을 찾고 있는 가? 아마도 어쩌면 당신은 내가 매주 하는 '노력이 필요 없는 영어' 쇼에 함께 하기를 원할 수 있다. 나는 구어체 영어에 숙달하는 것에 대한 토크쇼를 한다. 이 쇼는 쉬운 영어 듣기를 얻을 수 있는 좋은 방법이다. 대부분의 '노력이 필요 없는 영어' 멤버들은 알겠지만, 쉽고 편안한 영어 듣기는 영어를 유창하게 말하는데 있어 중요한 열쇠이다.

영어를 유창하게 말하기 위해서, 당신은 반드시 많은 영어를 들어야 한다. 가급적이면 쉽고 이해할 수 있는 영어로. 나의 쇼는 영어 오디오를 많이 얻을 수 있는 한 가지 방법이다. 이것은 다른 영어 수업이나 자료를 보완하는 훌륭한 부교재이다.

나의 쇼를 구독하기는 매우 쉽다. 단지 트위터에서 나를 추가하면 된다. Twitter.com/ajhoge에 접속해라. 만약 계정을 가지고 있지 않다면, 하나 만들어라. 그러고 나서 나의 페이지로 가서 '구독Follow'을 클릭하라. 그것이 전부이고 그것은 매우 쉽다.

매주, 다음 '노력이 필요 없는 영어 쇼'에 대한 '트윗'은 나의 트위터 페이지를 확인하면 된다. 비디오를 보고 오디오를 다운로드하려면 각 트윗의 링크를 클릭하라.

만약 원한다면, 그 쇼의 모든 오디오 녹음을 모아둔 아이튠즈의 '노력이 필요 없는 영어' 팟캐스트를 검색할 수 있다.

지난 쇼의 영상 녹화물은 나의 유튜브 채널에서도 볼 수 있는데, 이것은 학습 제안과 영어 오디오의 또 다른 자료이다.

나의 유튜브 채널을 Youtube.com/ajhoge에서 구독하라.

# 영화 듣기 연습하기

학생들의 듣기 향상을 돕기 위해 나는 종종 '영화 기법Movie Technique'으로 알려진 연습을 제안한다. 이렇게 하기 위해, 당신이 좋아하는 영어 영화를 골라야 한다. 다시 말하지만 사용된 대부분 단어를 이해할 수 있는 아주 쉬운 영화를 선택한다.

첫 장면을 보는 것부터 시작한다. 이것은 3~5분 정도 걸린다. 영어 자막을 켠다. 장면을 살펴보는 동안, 만약 이해하지 못한 것들이 있다면 멈춘다. 관용구 사전에서 단어 혹은 구절의 의미를 찾아본다. 그 말을 다 알고 이해할 때까지 그 장면을 지켜본다.

다음 날 같은 장면을 다시, 여러 번 본다. 일단 어휘를 이해하게 되면 자막을 끈다. 그런 다음 자막 없이 듣고 있는 장면을 다시 한 번 지켜본다. 앞으로 5일 정도 매일 이렇게 해라. 한 장면에서 4, 5일을 보낼 수도 있지만, 그건 괜찮다. 각각의 반복은 영어 듣기 능력을 향상시킨다.

이제 그 장면을 다시 보되, 각 문장이나 구절이 끝난 후에 잠시 멈추도록 해본다. 문장을 큰소리로 반복한다. 사실 그냥 문장을 반복하지 말고, 그 장면을 연기한다. 배우들의 말을 따라 한다. 그들의 움직임, 얼굴 표정 그리고 감정을 따라 한다. 당신이 그 장면의 등장인물인 척하라. 영화 발음 연습 기억나는가? 이것은 그것의 다른 버전이다.

이 전체 영화 기술은 단 한 장면에 일주일 정도 걸릴 수도 있다. 당신이 그 장면에 숙달했다고 느꼈을 때, 다음 장면에서 다시 전체 과정을 시작할 수 있다. 정말 그것을 배우기 위해서, 한 영화를 보는 데 몇 달이 걸릴지도 모른다. 그러나 그게 핵심이다. 영화 기법은 영화에서 사용되는 모든 영어를 철저히 배우고 숙달하는 방법이다. 이 방법은 당신의 듣기, 유창성 그리고 발음을 향상시킨다. 이런 과정을 거치지 않고 만약 영화를 한 번만 보면 별 이득이 없다.

## 음악을 듣는 것이 영어 실력을 향상시킬 수 있을까?

나는 이런 질문을 많이 받는다. 개인적으로 나는 음악을 통해 영어를 공부하는 것을 추천하지 않는다. 학생들이 노랫말 가사를 들고 찾아오는데, 그 가수가 말하는 단어 절반도 이해할 수 없다. 음악은 언어에 많은 비유적 표현이 있는 예술 형식이다. 심지어 원어민조차도 종종 가수가 말하려고 하는 것을 이해하지 못한다. 마찬가지로 노래에서 사용되는 발음도 정상적이지 않다. 가수들은 자주 음악의 멜로디에 단어를 맞추기 위해서 자연적인 발음을 변경한다. 영어를 배우는 관점에서, 텔레비전 혹은 영화를 사용하는 것이 훨씬 더 효과적이다. 사람들이 말하는 것의 의미가 보통 더 명확하고 시각적 단서를 제공하는 영상이 있어 당신이 이해하는데 도움이 된다. 그러므로 만약 당신이 영어 음악을 듣는 것이 좋다면 듣지만,

그것이 의사소통에 도움이 될 것이라고는 크게 기대하지 않는 것이 좋다.

# 12

# 네 번째 법칙 :
# 반복은 말하기를 숙달하는 핵심이다

당신은 영어를 배우기를 원하고 그것을 당장 잘 말하기를 원한다. 문제는 대부분의 영어 수업이 새로운 것을 위해 학생들이 숙달하기도 전에 너무 빠르게 진행된다는 점이다. 이번 챕터에서, 우리는 당신에게 시간적 여유를 가지고 깊게 배우라고 조언하는 '노력이 필요 없는 영어'의 네 번째 법칙에 집중할 것이다.

'깊게 배운다(Learn deeply)'는 건 무엇을 의미하는가? 깊게 배운다는 것은 말하기와 이해가 자동적으로 될 정도로 영어를 배운다는 것을 의미한다. 종종 사람들은 많은 문법과 어휘를 알지만, 그들은 그것을 깊게 알지 못한다. 말할 때가 되면 어휘를 번역하고 머릿

속에 있는 시제를 분석하거나 누군가가 그들에게 말하고 있는 것의 의미를 이해하려고 애를 쓴다. '노력이 필요 없는 영어'는 숙달을 위해 훈련을 강조한다.

깊은 학습은 당신이 배운 것을 여러 번 반복하는 것을 의미한다. 이것은 학교에서 배운 방식과는 매우 다르게 느껴질지도 모른다. 대부분의 학교는 빨리 움직여야 한다는 압박감이 크다. 그들은 항상 학생들에게 매주 더 많은 문법이나 특정한 수의 새로운 단어를 배우도록 강요한다. 교사들은 기본적으로 교과서에 의존하고 일정에 따라 끝내려고 노력한다. 학생들의 문제는 많은 것을 배우지만 그것을 잊어버린다는 사실이다. 혹은 기본적인 개념은 기억하고 있지만 사용할 수가 없다.

과거 시제를 예로 들어보자. 만약 이전에 영어를 공부했다면, 과거 시제를 배웠을 것이다. 교과서로 공부한 후에 매우 빠르게 다음으로 넘어간다. 그리고 당신은 더 많은 문법, 소유격, 미래 시제 혹은 현재 완료 시제를 배운다.

지금 만약 누군가가 당신에게 과거 시제를 아는지 물어본다면, 당신은 아마도 "물론이지"라고 대답한다. 그러나 사실 당신은 과거 시제를 숙달하지 못했다. 당신은 그 내용을 너무 빨리 넘겨버려 원어민처럼 깊이 배우지 못했다. 그것이 바로 당신이 여전히 과거 시제에서 실수하는 이유이다. 당신이 수년 동안 영어를 공부해왔음에도 불구하고 당신은 여전히 습관화되지 않았기 때문에 실수한다.

당신은 그것을 깊게 배우지 않았다.

## 기본원리 숙달하기

깊은 학습을 더 잘 이해하기 위해서, 다시 한 번 스포츠의 세계를 보자. 예를 들어 한 명의 프로 골퍼를 상상한다. 프로 골퍼는 어떻게 경기를 마스터하고 계속해서 발전할 수 있을까?

골퍼가 마스터해야 하는 가장 중요한 기술은 스윙이다. 전문가는 매일 하루에 500번 이상 스윙을 연습한다. 좋은 골퍼는 결코 "좋아, 나는 이미 스윙하는 방법을 알아. 그래서 이제 그 외의 다른 것을 해야 해"라고 말하지 않는다.

골퍼는 게임을 마스터하는 가장 좋은 방법은 몇 가지 기본 기술을 익히는 것이라는 것을 안다. 그들은 이런 몇 가지 기술을 하루에도 수백 번, 수년 동안 어쩌면 평생 연습한다.

불행하게도 많은 영어 학습자들은 깊은 학습의 중요성을 이해하는데 실패한다. 나의 영어 수업에서 나는 종종 가장 일반적이고 가장 유용한 표현을 반복하거나 복습하는데 오랜 시간을 보낸다. 때때로 학생들은 불평한다. 예를 들어 그들은 "나는 고급 문법을 배우기를 원해요. 나는 이미 과거 시제를 알아요"라고 말한다.

그러나 일상 대화에서 이렇게 말하는 학생은 종종 과거 시제에서 실수를 한다. 그는 'went 갔다'라고 말해야 했을 때 'go 간다'라고 말한다. 그는 지식과 스킬 사이의 차이점을 이해하지 못한다.

기억해라, 지식은 당신이 분석하고 생각하는 것이고 스킬은 당신이 해야 하는 것이다. 과거 시제를 아는 것은 의미가 없다. 당신은 과거 시제를 실제 대화 속에서 즉시 그리고 자동적으로 반드시 사용할 수 있어야 한다. 당신은 영어 지식이 아니라 영어 스킬이 필요하다.

## 깊게 배우는 방법

앞의 이야기가 친근하게 들리더라도, 절망하지 마라. 당신은 단지 배우는 방법을 조정함으로써 훌륭한 영어를 말하는 목표에 훨씬 더 가까이 다가갈 수 있다. 당신은 단지 속도를 늦추고 당신이 배운 모든 것을 여러 번 반복하면 된다. 예를 들어 나는 나의 수업의 멤버들에게 각 수업내용을 매일 적어도 7일간 반복하라고 말한다. 두 번 듣고 잘 안다고 생각해도 그렇다. 만약 여전히 어렵다면, 나는 그들에게 각 수업내용을 매일 2주, 3주 심지어 4주 동안 들으라고 조언한다. 기억해라. 이것은 경주가 아니다. 핵심은 외우거나, 새처럼 구절을 반복해서 읊조리는 것이 아니라 당신이 배운 구절을 진정으로 깊게 이해하는 일이기 때문이다.

자주 나는 학생으로부터 이런 질문을 받는다.

"A.J., 일주일에 2개의 내용을 학습해도 되나요?" 그것은 좋은 질문이다. 사람들은 빨리 학습하기를 원한다. 그들은 더 많은 것을 하기 원한다. 나는 그것을 이해한다. 그러나 만약 당신이 나의 상급 실력의 학생 중 누군가에게 물어본다면, 그들은 모두 당신에게 같은 대답을 줄 것이다. "아니요."라고.

왜냐하면? 깊은 학습이 중요하기 때문이다. 당신은 매일 7일 동안 각 오디오를 반복해야 한다. 더 많을수록 좋다. 그래, 14일은 더 좋다. 30일이면 그것보다 훨씬 더 좋다. 7일 미만이면 깊은 학습을 마치는데 충분하지 않다. 깊게 인식되도록 충분한 반복이 되지 않기 때문이다. 대부분의 사람들이 빠를수록 더 좋다고 생각하는 것을 알기에, 자신의 속도를 유지하면서 천천히 가는 것은 어렵다. 그러나 빨리 가는 식으로는 효과가 없다. 적어도 7일 동안 하루에 한 번씩 각각의 오디오를 반복해야 한다. 당신의 지식이 더욱더 깊게 들어가게 하기 위해 이렇게 하는 것이다. 당신은 숙달하기 위해 배우고 있다.

이탈리아 출신의 줄리아Julia라는 학생도 처음에는 이런 생각을 받아들이는 것을 어려워했다. 그녀는 지루해질 것이고 시간 낭비일지도 모른다고 생각했다. 하지만 그녀는 영어 실력을 향상하고 싶어 했고, 그래서 기꺼이 그것을 시도했다. 시간이 흐르면서, 그녀는 수년간 영어 학습을 했지만 깊은 방식으로 하지 않았음을 깨달았다고 말했다. 그녀가 말하길, "두 번째 수업내용을 공부할 때, 이미 첫 번째 것을 잊어버렸어요."라고.

요즈음 줄리아는 가끔 다음으로 넘어가기 전에 한 달 내내 오디오를 듣는다. "더 이상 힘든 일이 아니에요."라고 그녀가 말한다. "나는 깊이 듣고 배우는 방법을 개발했고 그것은 정말로 내 영어에 도움이 되었어요."

그래서 만약 듣고 좋아하는 오디오 기사나 팟캐스트를 가지고 있다면, 단지 한 번만 듣지 마라. 한 번도 충분하지 않다. 5번도 충분하지 않다. 당신은 그 기사, 연설, 그것이 무엇이든 30번은 들어야 한다. 혹은 아마도 50번, 100번이나 그 이상……

당신이 어휘를 배운 후에는 계속 들어라. 왜냐하면 어휘를 안다는 것은 시험을 보고 의미를 말할 수 있다는 뜻이지만, 그 단어를 들으면 즉시 이해하는가? 당신은 빠르고 쉽게 그리고 자동으로 그것을 사용할 수 있는가? 만약 그 대답이 아니라면, 당신은 그것을 다시 공부할 필요가 있고 같은 오디오를 여러 번 다시 들어야 할 필요가 있다. 이것은 더 빨리 말하고 문법을 배우고 정확하게 사용하는 비결 중 하나이다.

당신은 매일 수백 번씩 스윙을 연습하는 프로골퍼와 같다. 골퍼는 항상 같은 기본 기술을 향상할 방법을 찾는다. 골퍼는 많은 고급 지식보다 기본에 대한 숙달이 더 중요하다는 것을 깨닫는다.

예를 들어 당신은 2주 동안 계속해서 과거 시제로 이야기를 들을지도 모른다. 그 후 2주 동안 또 다른 이야기를 듣게 될 것이고, 어쩌면 그 이야기는 같은 기간 동안 과거 시제의 또 다른 이야기 일 수도 있다. 절대 멈추지 마라. 나는 원어민이고 평생 과거 시제를 배우고 있다. 나는 지금도 과거 시제를 듣고 있고, 내가 살아 있는 한 계속할 생각이다. 나는 매일 똑같은 공통 어휘 단어를 수천 번씩 듣고 있고 앞으로 계속 들을 계획이다. 그러한 일상적 습관이 내가 영어를 빠르고 자동으로 사용할 수 있게 해주었다.

그것이 비밀이다. 절대 멈추지 마라. 당신은 단지 더 많은 반복이 필요하다. 듣기를 통해 가장 흔한 단어들, 동사들, 구절들에 집중하고 그다음에 반복하고, 반복하고, 반복한다. 그렇게 할 때 소리의 '정확함에 대한 느낌feeling for correctness'을 갖게 되고 영어를 더 자연스럽고 자동적으로 사용할 수 있게 된다.

아마 당신은 "그러나 같은 것을 여러 번 반복하면 지루하지 않을까?"라고 생각할 수 있다. 물론 그럴 수 있다. 지루함을 없애는 최고의 방법은 당신에게 가장 재미있는 자료를 선택하는 것이다.

재미있는 콘텐츠를 어떻게 찾을 수 있을까? 한 가지 방법은 당신이 좋아하는 것을 영어로 배우면 된다. 예를 들어 만약 당신이 당신의 언어로 된 연애 소설을 좋아한다면, 영어로 된 소설을 구해라. 쉬운 연애 이야기 오디오를 구해서 매일 그것들을 들어라. 책의 텍스트 버전도 찾아서 듣고 읽어라. 만약 사업 분야가 좋다면, 영어로 사업에 대해 배워라. 영어를 다른 지식과 기술을 배우는 수단으로 사용하라. 당신이 재밌는 내용에 더 많이 집중할수록, 더 쉽게 영어를 자주 반복할 수 있다. 당신은 몇 번이고 듣는 것을 즐기게 된다.

# 깊게 배우는 연습

**연습 1** : 10분 정도 되는 오디오를 선택한다. 이것은 이번 주에 학습할 메인 오디오이다. 몇 번 그것을 듣는다. 다음 주까지 매일 이 과정을 반복하라. 그것을 숙달하기 위해 진정으로 몸을 맡겨라. 이 아이디어는 당신이 그것을 외우려고 하는 것이 아니라 그것을 완전하게 알고자 하는 방법이다. 당신이 오디오를 듣고 이해할 때마다, 당신의 뇌로 더 깊이 들어가고 있다고 상상한다. 그것은 당신의 마음 안에 심어지고 있는 씨앗과 같다. 나무 씨앗을 깊게 심고 여러 번의 반복 듣기를 통해 물을 준다.

첫 번째 오디오에 숙달한 후에, 2개의 오디오를 추가로 선택한다. 그것들은 각각 5분 ~20분 정도이어야 한다. 처음에 했던 것처럼 같은 방식으로 그것들을 듣는다.

당신은 이렇게 하면서 다른 학습 단계를 거치는 자신을 발견할 것이다. 이러한 단계를 의식하려고 노력해라. 첫 번째 단계는 "아니 이런, 이해가 안 돼"일지도 모른다. 전체 이해를 위해 텍스트를 사용해야 할 필요가 있을 수 있다. 단어와 구절을 하나도 검토하지 않고 들을 수 있을 때 두 번째 단계에 올랐다는 것을 알 수 있다. 세 번째 단계는 텍스트 없이 듣고 쉽게 이해할 수 있을 때이다. 3단계까지 가는 데 얼마나 걸릴까? 긴 오디오를 듣는 것이 당신의 이해에 어떤 영향을 미치는가?

얼마나 빨리 진행하고 얼마나 많은 반복을 해야 하는가? 이것 대부분은 반복하는 동안 마음 상태에 달려 있다. 편안한 상태인가? 열정적인 상태인가? 내가 세미나에서 행동 어휘를 가르칠 때, 학생들이 움직이고 열정적이기 때문에 보통 단 몇 분 만에 새로운 단어와 구절을 숙달한다. 반감된 집중력과 낮은 에너지로 반복하는 것은 감정적 에너지를 사용하여 반복하는 것보다 좋지 않다. 그래서 당신이 오디오를 반복하고 있을 때 일어서서 이리저리 움직이고 심지어 당신 자신에게 구절을 외쳐라. 만약 남의 시선이 의식된다면 문을 닫고 당신이 좀 더 편안해질 때까지 당신의 방에서 이것을 해라.

**연습 2** : 듣기 연습을 위해 오디오 파일 하나를 선택하라. 내가 학생들로부터 깊은 학습에 대해 듣는 공통된 불평은 매일 같은 것을 듣는 것이 지루하다는 사실이다. 그래서 이 연습에서는 며칠에 한 번씩 초점을 바꾼다. 첫날에는 단지 어휘 학습하는데 집중한다. 그 다음날에는 텍스트 없이 오디오를 완전히 이해하려는 게임을 한다. 하루가 지난 후에, 문장을 재생하고 멈추고 문장을 소리 낸다. 오디오 화자의 리듬, 음색, 감정을 복사하고 발음을 연습한다. 다음, 두 개의 문장을 재생하고 감정을 담아 큰 소리로 반복하는 게임을 한다. 다음날, 그냥 듣고 이해하는 것으로 돌아간다. 기본적으로 매일 같은 자료에 초점을 변화시키면서 여러 가지 다른 각도에서 배울 수 있다. 중요한 것은 당신이 하는 각각의 반복은 목적이 있다는 사실이다.

*chapter*

# 13

# 다섯 번째 법칙 : 문법을
# 직관적이고 무의식적으로 배워라

나는 당신이 문법 규칙을 공부하지 않고
영어 말하기를 잘 배울 수 있다고 약속했다. 심지어 문법책도 필요
없기 때문에 버리라고까지 말했다. 대신에 무엇을 해야 하는지 당
신에게 보여 줄 생각이다.

그것은 사실 매우 간단한 기술이다. 내가 생각하기에 문법을 배
우는 가장 좋은 방법이다. 그것은 영어 문법뿐만 아니라 어떤 언어
의 문법에서도 가능하다. '노력이 필요 없는 영어'의 다섯 번째 법칙
은 '시점(時點) 이야기 **Point-of-View Stories**'를 사용하는 것이다. 이것들
은 시간흐름을 변화시킨 작고 짧은 이야기들이다. 다시 말하면 같
은 이야기의 다양한 버전을 만들기 위해 문장 안의 시간대와 문법

을 변화시킨다.

이러한 변화된 이야기를 읽고 들음으로써, 당신은 시제와 동사 활용 등을 생각하지 않고 문법을 직관적으로 배울 수 있다. 시점 이야기는 쉽고 재미있다. 무엇보다도 스토리 문맥을 이해함으로써 문법을 자연스럽게 받아들이게 해준다. 그것이 핵심이다. 추상적인 문법 규칙을 공부하기보다 당신은 의미 있고 기억할 만한 영어로부터 구어 문법 기술을 습득한다.

시점 Point-of-view 이야기는 TPRS 학습 시스템의 창시자인 블레인 레이 Blaine Ray에 의해 처음으로 개발되었다. 1990년대에 레이는 언어 수업에 사용되는 전통적인 반복 연습 및 암기 방법을 넘어 학생들을 참여시킬 방법을 찾고 있었던 캘리포니아의 고등학교 스페인어 교사였다. TPRS는 읽기와 스토리텔링을 통한 전신 반응 스토리텔링(또는 '숙련도 교육 Teaching Proficiency'으로 설명된)을 나타낸다(박스 참조). 그것은 어떤 단순한 스토리를 들음으로써 학생들이 스페인어를 더욱더 자연스럽게 말하는 것을 배울 수 있을 것이라는 레이의 믿음이었다.

나는 이 스토리의 힘을 즉시 알아보았고, 나의 교육 시스템을 위해 스토리를 수정하기로 결심했다. 시점 이야기는 지금 '노력이 필요 없는 영어' 시스템의 가장 중요한 부분이다.

어떻게 시점 이야기가 동작하는가? 가장 간단한 버전에서, 당신은 보통 과거 시점의 메인 스토리를 들으며 시작한다. 다시 말해서 그 스토리는 대부분이 과거에 일어난 사건이다.

　다음 당신은 다른 시점을 가진 또 다른 스토리를 듣는다. 예를 들면 당신은 같은 스토리를 다시 현재로 듣는다. 그리고 나서 당신은 마치 그것이 미래에 일어날 것처럼 말하는 또 다른 버전을 듣는다. 혹은 심지어 현재까지 계속되고 있는 과거 사건에 대해서 말하는 버전도 듣는다.

　각각의 시점 이야기는 기본적으로 같지만, 시간의 변화가 특별히 동사에 사용되어 언어의 차이점을 만든다. 이 스토리를 반복적으로 들으면서, 당신은 쉽게 그리고 자연스럽게 가장 일반적이고 가장 유용한 영어 문법 시제를 받아들인다. 당신이 문법 시제를 무의식적이고 직관적으로 배우기 때문에, 말할 때 실질적으로 정확하게 사용된다. 그리고 당신은 문법에 대해 생각할 필요가 없게 된다.

　시점 이야기의 중요한 관심은 일반적으로 사용되는 문법 구조에 집중한다는 사실이다. 몇몇 학생들은 원어민들이 매일 끊임없이 사용하는 형식을 무시하면서 극도로 희귀한 형태의 문법에 집착한다. 예를 들어, "He slept for six hours. 그는 6시간 동안 잤다"는 것이 "He will have been sleeping for six hours. 그는 6시간 동안 잠을 잤을 것이다" 보다 훨씬 더 흔하게 사용된다. 의사소통에 더 유용하기 때문에 첫 번째 형태(단순 과거)와 같은 문장에 숙달하는 것이 훨씬 더 중요하다. 따라서 당신이 사용하는 시점 이야기는 가장 일반적인 형식으로 한정될 것이다.

좋은 점은, 매일 몇 번만 이 이야기들을 들으면 된다는 사실이다. 문법 변화를 분석할 필요도 없고 확실히 언어 문법 규칙을 확인할 필요도 없다. 어떤 버전이 '단순 과거'인지 혹은 '과거 완료'인지 확인할 필요가 없다. 이러한 용어는 언어학자들에게 유용할 수도 있지만 빠르고 쉽게 그리고 자동적으로 말하려는 사람들에게는 주위를 산만하게 한다.

반드시 당신의 직관을 믿고 분석하지 말고 각 이야기 버전을 단순히 들어라. 분석적인 마음을 잠재우도록 노력해라. 편안히 하고 이야기의 사건에 집중하라. 시간이 지나면, 당신은 문법을 직관적으로 받아들일 것이고 노력없이 정확하게 사용하게 된다.

## 신체적 움직임을 스토리텔링에 적용하기

산호세 주립 대학의 심리학자인 제임스 애셔 James Asher 박사는 학습에서 신체적 움직임의 중요성을 발견한 초기 연구자 중 한 명이다. 애셔는 학생들이 단어와 구절을 의미 있는 움직임과 함께 연합해서 언어를 더욱더 효과적으로 배운다는 것을 발견한 후에 'TPR(전신 반응, Total Physical Response)' 방법을 개발했다. 그는 번역하지 않고 오로지 행동을 사용해서 언어를 가르쳤다. 예를 들어 그는 학생들에게 "Sit down 앉아."라고 말하고, 앉는 동작을 행동으로 보여 준다. 그리고 나서 "Stand up 일어서."라고 말하고, 서 있는 것을 행동으로 보여 준다. 이런 것들을 몇 번 반복한 후에, 학생들은 재빨리 "Sit down 앉아." 그리고 "Stand up 일어서." 구절의 의미를 이해했다.

수업의 다음 단계에서, 애셔는 반 학생들에게 그를 따라 하라고 지시했다. 그래서 그가 "Stand up 일어서."이라고 말했을 때, 전 학생들이 그와 함께 일어섰다. 그리고 그가 "Sit down 앉아."이라고 말했을 때, 전 학생들이 앉음으로써 이해하고 있다는 것을 보여 주었다.

마지막 단계에서, 애셔는 명령은 했지만 학생들에게 행동으로 보여 주지는 않았다. 오히려 그는 반 아이들이 확실히 이해했는지 지켜보았다. 이것은 학생들이 그 구절을 행동에 연결함으로써 번역의 필요성을 없앴다.

시간이 지남에 따라 애셔 박사의 반 학생들은 "Stand up, turn around five times, then walk backwards to the door and close it 일어서서, 다섯 바퀴를 돌고, 문 뒤쪽으로 걸어가서 문을 닫아라."와 같은 매우 복잡한 명령을 배우고 행동으로 보여 주는 것이 가능해 졌다. 애셔 박사는 명령과 행동의 사용을 통해 완벽하게 유창함의 핵심을 구축했다. 이후에 애셔 박사와 다른 연구자들은 'think 생각하다' 혹은 'hope 희망하다'와 같은 더욱더 추상적인 용어를 나타내는 몸짓을 추가하면서, TPR을 수정했다.

TPR은 블레인 레이Blaine Ray가 만든 TPRS(전신반응 스토리텔링,

Total Physical Response Storytelling) 이전 모델이다. 레이는 만약 행동과 몸짓이 이야기와 결합한다면 학생들이 더욱더 빠르게 배울 것이라는 것을 깨달았다. TPRS는 스토리텔링의 목적으로 학생들이 신체적, 언어적으로 상호작용하도록 하는 방법이다. 이 기법은 '노력이 필요 없는 영어' 시스템 대부분의 출발점이었다.

## 시점 이야기(Point-Of-View Story)의 샘플

시점 이야기의 아주 간단한 예를 들어보겠다. "There is a boy. His name is Bill. Bill goes to the store. He buys a bottle of water. He pays two dollars for the water. 한 명의 소년이 있다. 그의 이름은 빌이다. 빌은 가게에 간다. 그는 물 한 병을 산다. 그는 물값으로 2달러를 지불한다."

좋다. 그것이 전부이다. 그것이 지금 당장 우리의 작은 이야기이다. 매우 흥미롭지는 않지만, 당신은 쉽게 그것을 이해한다. 그것은 현재 시제이고 당신이 해야 할 모든 것은 단지 그것을 이해하는 것이다. 만약 이것이 오디오 파일 이야기라면, 매일 그것을 일주일 이상 듣는 것이다. 기억해라. 우리는 깊게 배우려고 노력 중이니, 당신은 그것을 여러 번 반복할 것이다.

다음, 같은 이야기를 다시 하지만 지금 그것은 과거이다. "There was a boy named Bill. Yesterday, he went to the store. He bought a bottle of water. He paid two dollars for the water. 빌이라고 불리는 한 소년이 있었다. 어제, 그는 가게에 갔다. 그는 물 한 병을 샀다. 그는 물값으로 2달러를 지불했다."

좋다, 그것이 전부이다. 매우 간단하다. 물론 내 수업에서, 나의 시점 이야기는 더욱더 길다. 더욱더 어렵고 더욱더 흥미로운 것이다. 그러나 이것은 당신이 개념을 이해하도록 돕는 간단한 예문이다.

그래서 지금 당신은 현재와 과거로 빌의 이야기를 읽거나 혹은 들었다. 가장 좋은 건, 당신이 오디오 파일을 가지고 과거로 된 이야기를 여러 번 듣는 것이다. 들을 때, 문법 규칙에 대해 생각하지 마라. "오, 이것은 과거 시제이다. 혹은 오, paid는 불규칙 동사이다"라고 분석할 필요도 없다. 절대, 절대, 절대, 그것에 대해 생각할 필요 없다. 첫 번째 이야기를 듣고 의미를 이해한다. 두 번째 이야기를 듣고 의미를 이해한다. 그것이 전부이다. 그것이 쉬운, 노력이 필요 없는 문법 학습이다.

그 후에, 당신은 그 스토리의 미래 버전을 듣는다. "Imagine there will be a boy. His name will be Bill. He'll go to the store, and buy a bottle of water. He's going to pay two dollars for the water. 한 명의 소년이 있을 거라고 상상한다. 그의 이름은 빌일 것이다. 빌은 가게로 갈 것이고 물 한 병을 살 것이다. 그는 물값으로 2달러를 지불할 것이다." 그것이 미래의 짧은 예문의 끝이다.

다시 당신이 해야 할 모든 것은 단지 이 쉬운 이야기를 듣는 일이다. 당신은 현재 버전을 듣는다. 당신은 과거 버전을 듣는다. 당신은 미래 버전을 듣는다. 7일 이상 매일, 당신은 각각의 버전을 듣는다.

심지어 더 많은 버전을 추가할 수 있다. 우리는 이것으로 어떠한 문법이라도 연습할 수 있다. 예를 들면 나는 이렇게 말할지도 모른다. There was boy. Since last year, he has gone to the store every day. He has bought a bottle of water every day. He has paid two dollars for the water. 소년이 있었다. 작년부터 그는 매일 가게로 가고 있다. 그는 매일 물 한 병을 사오고 있다. 그는 물값으로 2달러를 지불해 오고 있다. 당신은 내가 사용하는 문법이나 동사 시제의 이름을 알 필요가 없다. 이것은 현재 완료라고 불리지만 당신은 그것을 알 필요가 없다. 나는 당신이 그것에 대해 생각하기를 원하지 않는다. 당신이 해야 할 모든 것은 다시 그 이야기의 버전을 듣는 것이다.

물론 나는 당신이 그 의미를 이해하도록 돕기 위해 추가적인 구절을 사용하고 있다. 나는 '작년부터'라고 말했다. 그래서 과거에 무슨 일이 일어났고 한동안 계속되어 왔기 때문에 이 동사들이 바뀐다는 것을 당신은 이해하겠지만, 그것에 대해 생각할 필요는 없다. 그게 바로 이 스토리들이 쉽고 강력한 이유이다. 당신은 단지 듣는다. 첫번째 이야기를 듣는다. 두번째 이야기를 듣는다. 그리고 세번째 이야기를 듣고 네번째 이야기를 듣는다. 그러면 당신은 원어민처럼, 아이처럼 문법을 배운다.

　당신이 이런 종류의 이야기를 사용해서 문법을 배울 때, 당신은 운동선수처럼 훈련하고 숨겨진 커리큘럼에서 벗어나게 된다. 이것이 추상적인 지식으로서 문법을 학습하는 것과 실제 말에서 문법을 사용하는 스킬을 습득하는 것과의 차이점이다. 당신은 스킬을 원한다. 당신은 생각하지 않고 정확한 문법을 사용하기를 원한다.

　시점 이야기 샘플을 읽음으로써 이 아이디어를 이해하기는 쉽다고 할지라도, 오디오 버전을 사용하는 것은 필수적이다. 세 번째 법칙을 기억해라. 듣는 것이 말하는 것의 열쇠이다. 당신은 문법을 직관적으로 배우고 싶을 뿐만 아니라 구어 문법도 배우고 싶어 한다. 그것은 어휘와 마찬가지로 귀로 문법을 배울 필요가 있다는 것을 의미한다.

　오디오 시점 이야기로 문법을 배우는 것은 원어민들이 사용하는 것과 같은 스킬인 소리의 '정확함에 대한 느낌feeling for correctness'을 발달시킨다. 각각의 반복과 각 변형은 이 느낌을 발전시킨다. 결과적으로 문법이 당신에게 정확하게 들릴 것이기 때문에 당신은 즉시 정확한 문법을 알게 될 것이다. 언어학적인 용어에 대해서는 생각할 필요가 없다. 그게 바로 당신이 시점 이야기가 효과가 있다는 것을 알게 될 때이다.

　진짜 문법 스킬은 반드시 즉각적으로 이뤄져야만 한다는 것을 기억해라. 실제 대화에서, 당신은 주저함 없이 정확한 문법을 만들어 내야 한다. 문법 규칙을 생각할 시간이 없다. 이 즉각적인 문법 스킬은 단지 무의식적으로 개발될 수 있으며 시점 이야기는 문법 스킬을 개발하는 최고의 방법중에 하나다. 이러한 이야기를 사용함으로써, 당신은 추상적인 법칙을 생각하는 불필요한 단계를 건너뛴다. 당신은 의식적인 생각 없이 정확한 영어 문법을 직관적으로 만든다. 이 방식으로, 당신은 원어민처럼 문법을 사용한다. 시간과 반복은 필요하다. 그러나 시점 이야기는 구어 문법 숙달을 위한 가장 효과적인 훈련을 당신에게 제공한다.

 ## 시점 이야기(Point-Of-View Story)를 듣는 방법

시점 이야기를 최대한 활용하기 위해, 이야기에 집중하는데 최선을 다하고 그것들을 들을 때 마음속으로 상상을 한다. 시제를 구분 짓거나 문법에 대해 생각하는 것을 잠시 멈춘다. 대신에 당신의 몸을 관통하는 가상의 선을 하나 생각한다. 그 선을 중심으로 당신의 뒤는 과거이다. 당신의 앞은 미래이다. 그리고 당신이 듣고 있는 이야기가 상자 혹은 라디오 안에 있다고 상상한다. 과거 버전을 들을 때, 과거는 뒤를 나타내는 당신 뒤에 놓여 있는 상자를 상상한다. 미래 버전을 들을 때, 미래는 앞을 나타내는 당신 앞의 상자를 상상한다. 당신이 이 상자나 라디오를 선 위의 어디에 두었는지 상상하는 것은 더욱더 직관적으로 그 이야기의 문법을 이해하는데 도움이 되는 시각적인 요소를 제공한다.

## 심리적인 이득

우리는 영어에 있어 시점 이야기의 이점을 토론했다. 이것은 중요하다. 그러나 이 스토리의 심리적인 이득은 아마 훨씬 더 강력할 것이다.

대부분의 학습자에게, 추상적인 문법 공부는 영어를 공부하는 가장 고통스러운 측면 중 하나이다. 대부분의 사람은 문법 공부를 지루하고 혼란스럽고 좌절감을 주는 것으로 안다. 많은 사람들은 또 다른 문법 규칙을 외우려는 생각을 두려워한다. 대부분의 영어 학습자들은 문법 강의와 문법 시험들에 나쁜 기억을 가진다.

문법 공부는 지적인 사람들을 어리석게 느끼도록 만드는 방법이다. 그들은 셀 수 없을 만큼의 동사 활용을 공부하고 외운다. 그들은 영어 관사, 전치사, 셀 수 있고 셀 수 없는 명사의 사용을 분석한다. 그런데도 실제로 영어를 말할 때가 왔을 때, 그들은 끊임없이 실수하는 자신들을 발견한다. 문법을 알고는 있지만, 문법을 사용하는데 애를 먹는다. "내가 무엇이 잘못되었지?"라고 그들은 스스로에게 묻는다. "나는 이것을 아는데."

그들은 어리석지 않다. 그들은 단지 지식과 스킬을 혼동했을 뿐이다. 문법 지식은 전문적인 언어학자들에게 남겨 두어라. 당신의 일은 문법 스킬을 직관적으로 습득하는 것이고 시점 이야기는 그것을 하는 최고의 방법이다.

## 실제 연습하기

여기 당신 자신의 시점 이야기를 만드는 재밌는 방법이 있다. 당신이 관심이 있는 간단한 이야기를 찾아라. 이 이야기는 당신이 이해하지 못해서 사전에서 찾아보아야 하는 단어와 구절을 포함할 수도 있다. 그러나 그것은 쉬워야 한다. 5개의 새로운 단어가 이야기에 나타나는 최대치이다.

이제 이 스토리를 당신의 영어 교사나 영어를 하는 친구에게 보여 준다. 그들에게 다른 시점으로 이야기를 써달라고 요청한다. 그들은 적어도 과거, 현재 그리고 미래의 다른 버전을 쓸 것이다. 각 버전을 작성한 후에, 그들에게 각 버전을 읽고 그것을 녹음해 달라고 요청한다. 그러고 나서 다음 1~2주 동안, 매일 그 스토리의 모든 버전을 듣는다.

일단 당신이 그런 이야기들에 숙달하고 나면, 완전히 새로운 이야기로 그 과정을 다시 반복하라. 단순히 매일 들음으로써 당신의 구어 문법 능력을 개발하게 된다. 마치 운동선수처럼, 당신은 정확한 문법을 자동적으로 사용하는 스킬을 통해 자신을 훈련시킨다.

*chapter*

# 14

# 여섯 번째 법칙 :
# 실제 영어를 배우고 교과서는 버려라

당신은 수년간 영어를 공부해왔다. 그러나 누군가가 말하는 것을 들으면 그것은 당신이 배운 영어처럼 들리지 않는다. 당신은 그것을 이해하기 어렵다. 그리고 당신이 말할 때, 사람들은 혼란스러워한다.

슬프게도 이런 경험은 아주 흔하다. 교사가 교과서와 교실 훈련에 많이 의존하는 전통적인 방식으로 영어를 가르쳤을 때 일어나는 일이다.

그러므로 '노력이 필요 없는 영어'에서는 교과서를 사용하지 않는다. 사실 교과서를 버려도 좋다. 실행하라. 쓰레기통에 버려라. 내가 전에도 말했듯이, 교과서는 언어를 배우는 방법이 아니다. '노력이 필요 없는 영어'와 함께, 당신은 실제 영어를 배운다. 그것이 여섯 번째 법칙이다.

교과서는 많은 문제점을 가지고 있다. 첫째, 그것들은 문법 중심이다. 우리는 이미 당신이 문법 공부를 피해야만 하는 이유를 토론했다. 또 다른 큰 이유는 교과서는 대부분 영어의 형식적인 형태를 가르친다. 이것은 주로 글쓰기에서 발견되는 영어의 형태이다. 교과서는 완전히 부자연스러운 문어체 대화에 크게 의존한다.

아마도 당신은 이것을 인지할 것이다.

"Hello. 안녕하세요."

"Hello 안녕하세요, How are you? 잘 지내세요?"

"I'm fine, and you 난 괜찮아요, 그리고 당신은요?"

교과서는 성우들이 이상한 리듬과 완전히 부자연스러운 발음을 사용하여 이 대화를 읽은 오디오와 함께 제공될 수 있다.

그럼 실제 삶에서 무슨 일이 일어날까? 당신은 이 교과서 대화를 공부하고 영어를 안다고 생각한다. 그리고 나서 당신은 미국과 같은 영어 사용 국가로 여행한다. 버스 정류소에서 사람을 만나면 그들은 "Hey, what's up? 이봐요, 안녕?"이라고 묻는다. 물론 그들은 단지 당신에게 인사를 하고 "How are you? 잘 지내세요?"라고 묻는다. 그러나 그들은 원어민 사이에서 훨씬 더 흔하게 사용하는 실제 일상적인 영어를 사용한다.

사실 샌프란시스코에서 교사로서, 나는 이런 흔한 불만을 자주 학생들에게서 들었다. 그들은 미국에서 공부하기 위해 여러 나라에서 왔다. 많은 신입생들은 그들 자신을 고급 영어학습자들로 생각했다. 대부분은 훌륭한 시험 성적도 가지고 있었다.

하지만 그들이 실제 사람들과 대화를 시도했을 때, 그들은 엄청난 문제가 발생되었다. 나는 다음과 같이 말한 움베르토Humberto라는 한 학생을 기억한다. "나는 누가 무슨 말을 하는지 이해할 수 없어요. 나는 버스 정류장에 있는 사람들의 말을 이해할 수 없어요. 나는 식당 종업원들의 말을 이해할 수 없어요. 나는 내가 고급실력이라 생각했지만 누구의 말도 이해할 수 없어요." 대부분의 학생처럼 움베르토는 정식 교과서 영어는 공부했지만, 실제 대화 영어는 결코 배우지 못했다. 그는 시험은 잘 보았지만 실제 세상에서는 통하지 않았다.

실제 발음은 교과서나 오디오에서 찾을 수 있는 것과 많이 다르다. 이것은 전통적인 방법을 사용해서 배우는 사람들에게 또 다른 어려움의 원인이다. 학교는 전형적으로 영어 단어의 정식 사전 발음을 가르친다. 교과서가 당신에게 "How are you?"라고 가르치지만, 실제 미국 사람들은 "Howya doin'?" "Howzit goin'?" "Hey, whassup?" 혹은 "Nice-ta meetcha."처럼 말할 것이다.

정말로 영어로 의사소통을 하려면, 당신은 이러한 실제 영어를 절대적으로 이해해야만 한다. 그리고 이것은 인사의 가장 간단한 예일 뿐이다. 전체 언어는 그런 예들로 가득 차 있다. '고급' 교과서 영어 학습자들조차 실제 사람들과 의사소통하는데 어려움을 겪는 것은 당연하다.

관용어는 교과서 학습자들에게 또 다른 흔한 문제이다. 구어체 미국 영어는 관용어들로 가득 차 있다. 그러나 당신은 교과서에서 일부분만 배울 수 있다. 최근에 나는 아버지와 비즈니스를 주제로 한 대화를 녹음했다. 이후에 그 녹음을 검토했을 때, 나는 우리가 그 짧은 대화속에서 얼마나 많은 관용어를 사용했는지에 충격을 받았다.

관용어는 개별 단어와 다른 의미를 가진 구절이다. 그것들은 종종 은유 혹은 문화적인 주제에 기반을 두고 있으며 논리적으로 이해하기 상당히 어려울 수 있다. 예를 들어 비즈니스 모임에서, 한 동료가 "We scored a touchdown on that project 우리는 그 프로젝트에서 터치다운을 했어요."라고 말할 수 있다. 이 관용어는 미식축구의 스포츠에서 유래되었고 큰 성공이나 승리를 했다는 의미이다. 당신은 교과서에서 이 구절을 배울 것 같지 않다. 그러나 그것은 미국인들에게 매우 흔하게 사용된다.

분명히 교과서는 비효율적인 학습 도구다. 그러면 어떤 도구를 사용할 것인가? 당신은 실제 정확한 자료를 사용함으로써 원어민들이 하는 것과 같은 방법을 배울 것이다. 실제 영어 자료만 사용하라. 그것이 여섯 번째 법칙이다. 실제라는 것은 무슨 의미일까? 나는 원어민을 위한 영어 자료나 원어민들이 사용하는 것과 매우 유사한 영어 자료를 말하는 것이다. 그것들은 책, 기사, 오디오 북, 캐스트, 비디오 등일 수 있다.

당신은 인터넷에서 많은 실제 영어 듣기 자료를 발견할 수 있다. 팟캐스트는 완벽하다. 나도 팟캐스트가 있다. 당신은 https://itunes.apple.com/us/podcast/effortless-english-podcast/id188333691로 가면 내가 영어에 관해, 학습에 관해, 나의 생각에 관해 이야기하는 것을 들을 수 있다. 그것은 무료이다. 그것은 쉽다. 당신은 그냥 듣기, 듣기 그리고 듣기만 하면 된다. 그곳에는 많은 실제 자료들이 있다. 나는 그저 일상적으로 말하고 있고 실제 원어민이다. 나는 연기하지 않고 읽지 않는다.

그리고 그곳에는 많은 다른 팟캐스트도 있다. 영어 학습 팟캐스트를 선택할 수도 있고, 더 나아가 당신이 좋아하는 어떤 주제에 대한 팟캐스트를 선택할 수도 있다. 만약 스포츠를 좋아한다면 스포츠에 관해 이야기하는 영어 팟캐스트를 찾아라. 만약 차를 좋아한다면 차에 관해 이야기하는 것을 찾아라. 운동이나 헬스를 좋아한다면 그것에 대한 팟캐스트를 찾아라.

오디오북은 당신의 듣기를 연습하는 또 다른 좋은 방법이다. 오디오북이란 누군가가 읽고 그것이 녹음된 책이다. 그래서 책을 읽는 대신에, 당신은 책을 듣는다. 핵심은 원어민이 만든 오디오북을 선택하는 것이다. 또한 당신에게 쉬운 오디오 책을 선택하라. 어린이 이야기책부터 시작해야 할지도 모른다. 그것은 괜찮다. 나는 어린이들의 이야기책을 듣는 것이 어떤 지루한 교과서보다 더 흥미롭고 더 유용하다는 것을 보장할 수 있다.

내가 가장 좋아하는 실질적인 자료 중 하나는 오디오 버전이 있는 어린이 책이다. 이것은 당신이 동시에 듣고 읽을 수 있기 때문에 유용하다. 사전에서 알 수 없는 어휘를 쉽게 찾아볼 수도 있다. 나는 종종 성인 학생들에게 어린이 책을 읽는 것을 너무 못마땅해 하지 말라고 말한다. 당신은 아마도 수스Seuss 박사의 책이 교과서보다 더 흥미롭다는 것을 알게 된다. 왜냐하면 그것은 원어민들을 위해 쓰인 실제 이야기이기 때문이다.

당신의 실력이 좋아지고, 영어 수준이 높아졌을 때, 당신은 청장년 혹은 청소년을 위한 오디오북을 들을 수 있다. 그냥 실제 영어를 계속 들어라. 듣는 내용이 너무 쉬워지면, 조금 더 어려운 것을 선택해서 쉬워질 때까지 들어라. 마침내 당신이 고급 수준이 되었을 때, CNN이나 BBC 혹은 미국 영화, 영국 영화, 호주 영화 등을 들을 수 있다. 하지만 다시 말하지만 그것은 고급 단계이다. 쉬운 것부터 시작해라.

실제 영어 자료에 집중함으로써, 당신은 원어민들이 사용하는 언어에 스스로 몰입하게 된다. 당신은 학생들에게만 가르치는 이상한 특별한 언어를 배우는 것이 아니다. 실제 영어를 들음으로써, 당신이 현실 세계에서 사용되는 유용한 언어를 배우고 있다고 확신한다. 동시에 당신이 사용하는 자료가 진짜이기 때문에, 당신은 또한 구어 영어를 이해하는데 필수적인 관용어와 문화를 배운다.

나는 이 책의 오디오 버전을 만들었다. 그래서 당신은 영어 연습을 위해 이 책을 사용할 수 있다. 좀 더 자세한 것은 책의 뒤를 참고하라(각 챕터의 QR코드도 참고 가능하다).

실제 영어 자료는 심지어 토플TOEFL과 같은 시험 성적을 더 빨리 향상하는데 도움을 준다. 애슐리 헤이스팅스Ashley Hastings 박사는 실질적인 자료(책, 영화, TV 쇼)로 배운 학생들이 시험 예제를 사용해서 TOEFL 준비 과정을 공부했던 학생들보다 35% 이상 향상되었다는 것을 발견했다.

읽기는 어떨까? 듣기가 당신의 주된 초점이 될 것이지만, 실제 자료를 읽는 것도 또한 강력하다. 읽기에서도 당신이 실제 듣기 자료와 함께 했던 것처럼 같은 원칙을 따른다. 당신은 쉬운 영어 이야기 책 혹은 쉬운 영어 소설을 읽는다. 당신은 즐거운 책을 선택한다. 당신이 즐겁고 흥미로운 것을 골라라. 아마도 연애나 모험 이야기가 당신을 끌어당기는 주제나 범주일 수 있다.

크라센Krashen 박사는 이것을 '자율 독서Free Voluntary Reading'라고 부르는데, 이것은 영어 어휘를 증가시키는 가장 강력한 방법이다. 실제 자료를 읽는 것은 단어 리스트를 공부하는 것보다 어휘를 더 빨리 증가시키는 것으로 나타났다. 앞으로의 내용에서도 보겠지만, 이런 식의 읽기는 영어 쓰기 능력을 향상하기 위해 당신이 할 수 있는 최고의 활동이다. 연구에 따르면 즐거움을 위한 읽기와 듣기는 우수한 토플 성적을 이끌어낸다고 한다. 나는 항상 학생들이 어린이를 위한 소설, 대개 초등학교나 중학교 나이 때의 것으로 시작하기를 권한다. 초보자에게는 수준별 읽기 교재가 유용할 수 있다. 나는 또한 《구스범스 Goosebumps》, 《하디 보이즈 The Hardy Boys》 그리고 《낸시 드류 Nancy Drew》와 같은 책 시리즈를 좋아한다. 여기에는 많은 책이 포함되어 있는데, 어떤 경우에는 30권 이상이 포함되어 있다. 그것들은 읽기가 쉽고 여러분의 쓰기 능력, 읽기 속도, 어휘에 도움을 준다.

실력이 향상되면서 당신은 자연적으로 더욱더 어려운 책 혹은 오디오를 찾게 된다. 한 가지 전략은 당신이 좋아하는 작가를 찾아서 그 작가의 모든 것을 읽는 것이다. 예를 들어 당신이 공포 이야기를 좋아하면, 스티븐 킹 Stephen King이 쓴 모든 책을 읽을 수 있다. 만약 연애 이야기가 좋다면, 대니엘 스틸 Danielle Steele의 책을 다 읽어 보는 건 어떨까? 만약 이 책의 오디오북 버전을 찾을 수 있다면, 훨씬 더 좋다. 당신이 책의 전 시리즈를 끝낼 때쯤이면 당신의 실제 영어 스킬은 극적으로 향상되어 있을 가능성이 높다.

'노력이 필요 없는 영어' 과정에서, 나는 자주 자기계발과 성공과 같은 주제에 집중한다. 나는 회원들이 언어의 측면만이 아닌 내 수업에서 그 주제와 실제 영어에 집중하기를 원한다. 당신이 현실 세계의 주제에 감정적으로 더 많이 연결될수록, 당신은 영어를 더 쉽게 배울 수 있다.

사실 완벽한 상황은 당신이 그 주제에 너무 관심이 많아서 당신이 영어를 듣거나 읽는 것을 완전히 잊어버릴 때이다. 이런 일이 생기면 언어 학습은 전혀 노력하지 않고도 일어난다.

당신이 실제 영어 자료를 들을 때 실질적으로 미국인, 캐나다인, 호주인, 영국인 등이 사용하는 원어민 영어를 습득하게 된다. 그게 우리가 정말로 말하는 방식이다. 교과서를 이 자료들로 교체함으로써, 당신은 현실 세계의 소통에 대비할 수 있다. 누군가가 거리에서 인사할 때, 당신은 그것을 이해한다. 누군가가 흔한 관용어구를 사용할 때, 당신은 그것을 이해한다. 결국 TV 쇼와 영화도 또한 완전히 이해하게 될 것이다.

여섯 번째 법칙의 핵심 : 실제 영어를 배워라.

## 너무 쉽게? 너무 어렵게? 적당하게?

무엇을 듣고 읽을지 당신은 어떻게 결정하는가? 나의 학생들은 자신들이 너무 쉬운 어떤 것을 고르는 것을 걱정한다. 내가 추천하는 방식은 다음과 같다. 너무 어렵지 않으면서 약간 긴장을 시키면서 이해할 수 있는 어떤 것을 고르는 것이 최고이다. 언어학자들은 이것을 현재 당신이 있는 곳보다 한 단계 높은 자료로 묘사하는 '이해 가능한 입력 +1 comprehensible input plus one'로 부른다. 그들은 학생들이 스트레스가 낮은 상태에 있을 때, 그리고 토론할 만큼 그 주제에 관심이 있을 때 제2 언어를 최고로 배운다고 믿는다.

어려운지를 알아보는 쉬운 방법은 사전이 필요한가 아닌가이다. 한 페이지당 알 수 없는 단어 몇 개만 있으면 당신은 빨리 읽고 들을 수 있어야 한다. 자료 내용 대부분을 이해했기 때문에, 당신은 방해받지 않고 그 알려지지 않은 단어들의 의미를 추측할 수 있다. 그냥 계속 가라. 왜냐하면 결국 그 단어와 비슷한 새로운 단어들을 다시 만날 것이기 때문이다. 그렇게 할 때, 당신은 그 의미에 대해서 심지어 다른 것도 더 잘 추측할 수 있다. 결국 사전을 사용하지 않고 실제 영어를 즐기는 것만으로 이 새로운 어휘를 쉽게 배울 수 있다.

## 일상 대화 학습하기

내가 살았던 샌프란시스코에서, 나는 영어 시험 점수가 높고 영어 수업에서 좋은 성적을 받은 많은 학생을 만났다. 그러나 그들이 카페에 앉아 있을 때, 그들은 사람들이 그들 주변에서 말하는 것을 이해하지 못했다. 그들은 정상적인 미국인들이 말하는 것을 전혀 몰랐다.

그들은 문법 규칙에 초점을 맞추어 정규적이고 학문적인 영어로 훈련받아왔다. 나는 이것이 완전히 거꾸로라고 생각한다.

평범하고 일상적인 대화가 당신이 배워야 할 첫 번째가 되어야 한다. 결국 첫 번째로 필요한 것은 다른 사람과 대화하는 것이다. 당신은 카페에서 사람들과 수다 떨기를 원한다. 당신은 친구를 사귀고 그들이 말하는 것을 이해하기 원한다. 당신은 동료와 이야기하기 원한다. 당신은 TV쇼와 영화를 이해하기 원한다.

일상적인 영어가 당신이 먼저 배우는 것이어야 한다. 그리고 나서 만약 당신이 필요하다면, 학문적인 영어에 집중한다.

당신을 돕기 위해 우리가 직접 녹음한 실제 자발적인 대화가 담긴 새로운 자료를 가지고 있다. 이것들은 친구, 가족 그리고 사업 파트너와 함께 한 실제 대화들이다. 우리는 대본을 읽지 않는다. 우리는 배우가 아니다. 당신은 속어, 관용구, 욕설, 농담, 문화적 내용 등을 포함한, 우리가 매일 일상적으로 서로 사용하는 실제 영어를 배울 수 있다.

당신은 교과서에서 사라진 영어의 일반적인 요소인('ah 아' , 'um 음', 'you know 당신도 알다시피', 'like ~처럼')와 같은 첨가된 단어들도 또한 듣는다. 당신은 우리가 서로 번갈아 주고받는 대화 방법, 우리가 구절을 사용하는 방법, 우리가 서로의 말을 가로막는 방법과 같은 영어의 자연스러운 리듬도 듣게 된다.

우리는 모든 대화 기록과 사전에서 찾을 필요 없는 속어, 관용어 등을 설명하는 짧은 노트를 함께 제공한다. 매우 필요하기 때문에 이 작업을 했다. 사실 그것은 우리 회원들이 가장 크게 필요로 하는 것이다.

내 친구와 나는 텍스트와 설명이 제공되는 실제 대화 과정을 만들었다. 당신은 그 과정을 www.learnrealenglish.com에서 발견할 수 있다.

*chapter*

# 15

# 일곱 번째 법칙 :
# 흥미진진한 이야기로 영어를 배워라

'노력이 필요 없는 영어'의 가장 중요한 목적은 당신에게 영어를 빨리, 정확하게, 자동적으로 말하고 이해하도록 가르치는 일이다. '자동적인' 부분이 노력이 필요 없는 영어 방법을 많은 다른 영어와 구분짓는 것이고 자동적인 건 영어로 생각할 때 나온다.

당신이 영어로 생각을 할 때, 당신은 더 이상 번역하지 않는다. 당신은 더 이상 문법 혹은 발음을 생각하지 않는다. 영어는 당신의 모국어처럼 당신의 깊은 부분이 된다.

이 단계에서 당신은 '노력이 필요 없는 영어'를 성취한다. 당신은 즉각적으로 스트레스 없이 이해한다. 영어로 생각하기 때문에,

단어들은 당신의 입에서 빨리 그리고 쉽게 흘러나온다. 당신은 정확한 문법을 사용한다. 그러나 결코 문법 규칙을 생각하지 않는다. 만약 누군가가 당신이 어떻게 하는지 묻는다면, 당신은 아마도 "모르겠어, 나는 단지 무엇이 옳게 들리는지 알고 있을 뿐이야."라고 말한다.

속도는 이 단계에서 가장 명확한 변화이다. 당신은 즉각적으로 이해할 수 있고 즉각적으로 반응할 수 있다. 주저함은 사라진다. 압박, 스트레스, 의심, 혼란, 모든 것이 사라진다. 당신은 힘과 우아함을 가지고 경기하는 프로 축구 선수와 같다.

유창함으로 가는 길목마다, 당신은 대부분의 '노력이 필요 없는 영어' 시스템을 배웠다. 당신이 배워야 할 것은 이제 단지 하나가 남았고 마지막을 위해 가장 멋진 것을 남겨두었다.

일곱 번째 법칙은 속도를 훈련하는 방법이다. 그래서 그것은 무엇인가? '듣고 대답하는 이야기Listen-and-answer stories'이다. 그것이 일곱 번째이고 '노력이 필요 없는 영어'의 최종 법칙이다. 듣고 대답하는 이야기를 통해 영어로 생각하는 것을 배운다.

듣고 대답하는 이야기란 무엇인가? 혹은 내가 가끔 부르듯이, '미니 스토리Mini-Stories'는 무엇인가? 학교에서 영어를 배웠던 과거가 기억나는가? 당신은 아마도 많은 듣기와 반복 훈련을 받았을 것이다. 당신도 알다시피, 교사가 "Repeat after me. Hi, how are you? 나를 따라 반복하세요, 안녕, 잘 지내니?"라고 말할 때 교실에 있는 모든 학생들이 일제히 "Hi, how are you?"라고 말한다. 그러고 나서 교사가 "I'm fine, and you? 나는 괜찮아, 당신은요?"라고 계속한다. 그리고 난 후 교실의 모든 학생이 함께 "I'm fine, and you"라고 말한다. 이것은 듣고 반복하는 것이다. 그것은 영어를 배우는 오래된 방법이다. 그러나 그것은 효과적이지 않다.

왜일까? 당신이 듣고 반복을 할 때, 당신은 영어로 생각할 필요가 없기 때문이다. 당신은 전혀 생각할 필요가 없다. 당신은 단지 교사가 말하는 것을 반복한다. 당신은 심지어 무슨 말을 하는지 이해할 필요도 없다. 그러나 여전히 반복한다. 이것은 별 이득이 없는 무의미한 연습이다.

때때로 이러한 전통적인 수업 중 하나를 듣고 반복하는 것에 익숙해지면, 교사가 질문하기 시작할 것이고 당신은 배운 답변 중 몇 가지로 대답을 할 수 있다. 예를 들어 반복하는 것 대신에, 교사는 "How are you? 어떻게 지내니?"라고 물어본다. 당신은 "I'm fine, and you? 나는 괜찮아, 당신은요?"라고 말한다. 이것은 조금은 더 낫다. 왜냐하면 당신은 적어도 질문에 대답하고 있고 단지 당신이 이해할 수도 있고, 이해하지 못할 수도 있는 문구를 반복하는 것이 아니기 때문이다.

하지만 문제는 이것들이 대본에 쓰여진 답변이라는 점이다. 교사가 "How are you? 어떻게 지내니?"라고 질문을 할 때, 당신은 항상 "I'm fine, and you? 나는 괜찮아, 당신은요?"라고 말한다. 당신은 이미 교사가 말하려고 하는 것을 알고 당신은 이미 당신이 말하려고 하는 것을 안다. 그러나 실제 대화는 예상할 수가 없다. 당신은 결코 다음에 오는 것을 알지 못한다. 당신은 어떤 것이든 준비가 되어 있어야 한다. 그래서 듣고 대답하는 이야기가 훨씬 더 강력하다.

아마도 우리가 물어야 할 첫 번째 질문은 "왜 이야기인가?"이다. 다섯 번째 법칙에서 나는 당신에게 시점 이야기를 가르쳤다. 여섯 번째 법칙에서 나는 당신에게 특히 이야기로 된 실제 자료를 읽고 듣도록 격려했다. 이제 나는 당신에게 자동적인 영어의 핵심은 이야기를 듣고 대답하는 것이라고 말한다.

이야기는 엄청나게 강력하다. 왜냐하면 그것들은 뇌에 정보를 전달하는 이상적인 방법이기 때문이다. 인간은 쓰기의 발명이 있기 훨씬 전부터 수천 년 동안 가르치고 배우기 위해 이야기를 사용해 왔다. 무엇이 이야기를 강력하게 만들까?

이야기는 감정을 자극한다. 우리는 영웅을 사랑하고 악당을 싫어한다. 그리고 감정이 더 강한 기억을 만들어 내기 때문에 그러한 구성은 중요하다. 이것이 바로 종교가 그들의 교리를 가르치기 위해 수천 년 동안 이야기를 사용해온 이유이다. 그들은 교리를 직접 가르칠 수 있지만, 이야기가 더 강하고 깊은 인상을 준다는 것을 알고 있다.

그리고 이야기가 이상하거나 재미있거나 매우 감정적으로 설계

될 때, 기억하기가 훨씬 더 쉽다. 이것이 바로 듣고 대답하는 이야기가 이상한 인물과 과장된 이벤트를 사용하는 이유이다. 어떤 것이 기억하기 더 쉬울까, 갈색 머리를 한 평범한 사람 혹은 키는 겨우 1m에 초록색 머리를 한 사람? 만약 당신이 파티에서 잠시 둘 다를 만났다면, 1년 후에 어떤 것을 기억할 가능성이 가장 높은가? 보통 그것은 평범하지 않은 쪽이다.

이상하거나 재미있거나 과장된 것 외에도, 듣고 대답하는 이야기는 '이야기 질문하기'라는 매우 특별한 기법을 사용한다. 이야기 들려주기가 아니라 이야기 질문하기라는 것을 유의한다. 이것은 블레인 레이Blaine Ray가 개발한 기법이다. 교사들은 매우 간단하고 쉬운 질문을 많이 해서 이야기를 만들어낸다. 왜일까?

질문은 당신이 더욱더 빨리 이해하고 대답하도록 훈련하기 때문이다. 듣고 대답하는 이야기는 수동적인 활동이 아니다. 당신은 끊임없는 질문의 세례를 이해하고 즉각적으로 반응해야만 한다. 교사는 더 자세한 내용을 추가하여 천천히 이야기를 만든다.

이 이야기의 중요한 측면은 질문은 항상 쉽고 대답은 항상 짧아야 한다. 대부분의 경우, 당신은 단지 몇 마디 말로 대답할 것이다. 이 이야기의 핵심은 스피드이지 길이가 아니다. 기억해라. 영어 말하기의 최고 수준에 이르기 위해서 당신은 반드시 빨라져야 한다. 당신은 반드시 즉각적으로 이해하고 대답해야 한다.

당신이 들을 때, 가끔 교사들이 질문해도 답이 나오지 않을 때가 있다. 이런 일이 발생하면 즉시 추측해서 말하는 것을 권한다.

그래서 이 과정은 질문과 대답의 끊임없는 시리즈이다. 이 과정을 통해서, 당신은 당신의 느린 분석적 두뇌를 압도한다. 많은 질문이 있고 빨리 대답해야 하므로 문법, 단어 혹은 그 밖의 것을 생각할 시간이 전혀 없다. 이것이 듣기와 대답하는 이야기가 당신에게 속도를 훈련하는 방법이다.

당신이 이 듣기와 대답하는 이야기를 사용할 때, 당신 스스로 빨리 이해하고 빨리 대답하도록 가르친다. "그 말이 의미하는 게 무엇인가"를 생각하지 말고 빨리 그리고 자동적으로 말해야 한다. 그것이 바로 이 이야기가 강력한 이유이다. 당신은 영어로 생각하는 것을 배우고 번역 없이 빨리 말하는 것을 배운다.


## 미니 스토리가 작동하는 방법

매우 쉽고 간단한 질문과 대답하는 미니 스토리Mini-Story 샘플을 하나 소개한다. 단지 한 줄의 문장이다. 지금 당신이 원숭이에 대한 짧은 이야기를 하고 있다고 상상한다. 듣고 대답하는 이야기에서, 이런 식으로 작동을 한다. 교사로서, 나는 이렇게 말한다. "Class, there was a monkey. 학생들, 원숭이 한 마리가 있었어요. Was there a monkey? 원숭이 한 마리가 있었나요?" 당신은 소리친다. "Yes! 네!" 당신은 또한 "Yes, there was a monkey! 네, 원숭이 한 마리가 있었어요!"라고 말한다. 한 단어(Yes)의 대답만으로도 충분하다.

그리고 나서 나는 말한다. "Was there a monkey or was there a girl? 원숭이가 있었나요? 혹은 여자가 있었나요?" 당신은 즉시 외친다. "A monkey—a monkey 원숭이요, 원숭이."

그리고 나서, 나는 말한다. "Ah, so there was a monkey? 아, 그럼 원숭이가 있었단 말인가요?" 다시, 당신은 외친다. "Yes, a monkey 예, 원숭이요."

나는 말한다. "Ah, I see there was a monkey. What was his name? 아, 원숭이가 있었구나. 이름은 무엇인가요?" 여기서부터 당신은 모르니, 빨리 추측해라. 존 혹은 짐, 어느 것이든 최대한 빠르게 대답을 한다.

'실제로' 나는 말한다. "his name was Reggie. Was Reggie a monkey or was Reggie a girl? 그의 이름은 레기였어요. 레기는 원숭이였나요 아니면 여자였나요?" 그리고 당신은 다시 외친다. "A monkey! 원숭이요!"

이것은 천천히 이야기를 만들면서 20분 이상 계속된다. 나는 계속해서 더 많은 질문을 한다. 그리고 당신은 끊임없이 질문에 대답하기 때문에 영어로 생각하는 것을 배운다. 영어로 더 빠르게 응답하고 대답하는 것을 배운다. 물론 지금, 이 예는 매우 간단하다. 실제 미니 스토리 내용은 더 길고 훨씬 더 흥미롭고 더욱더 많은 질문이 있다. (듣고 대답하는 이야기가 포함된 '노력이 필요 없는 영어' 무료 샘플 자료를 http://EffortlessEnglishClub.com/point-of-view-grammar에서 다운로드할 수 있다.) 그리고 이 자료를 사용할 때, 당신은 서서히 영어로 생각하도록 자신을 훈련할 것이다.

듣고 대답하는 이야기는 활동적인 뇌 운동의 한 형태다. 그것들이 이야기이기 때문에, 무슨 일이 일어났는지 시각화할 수 있다. 당신은 의미 있는 문맥에서 구절, 문법, 어휘를 배운다. 이야기가 이상하고 재미있기 때문에, 당신은 이야기에서 사용하는 영어를 훨씬 오래 기억한다. 끊임없이 질문에 대답하기 때문에, 당신은 영어로 더욱더 빨리 생각하고 대답하는 것을 배운다.

사실 듣고 대답하는 이야기는 '노력이 필요 없는 영어' 시스템의 모든 요소를 하나의 강력한 학습 도구로 능숙하게 결합한다. 나는 구어체 영어를 빠르게 개선하기 위해 이보다 더 좋은 도구가 없다는 것을 안다.

 ## 문화를 아는 것은 유창한 말하기를 돕는다

미니 스토리를 조합할 때, 나는 그것들을 재미있거나 이상하게 만들도록 노력해서 기억하기 쉽게 한다. 이 챕터의 마지막에 실증적인 예에서 보겠지만, 미국 문화도 반영하려고 노력한다.

왜 이렇게 하는가? 연구 결과에 의하면 만약 당신이 문화에 동참할 수 있다면 언어를 더욱더 빠르게 배울 수 있다는 것을 보여 주고 있다. 예를 들어 스티븐 크라센**Stephen Krashen** 박사에 따르면 대중적인 믿음과는 반대로 성인이 되어서 영어를 배우는 사람이라도 완벽한 억양을 발전시킬 수 있다고 한다. 그들을 방해하는 것은 새로운 소리를 낼 수 없는 무능력함이 아니라 오히려 그들의 고국과 문화와의 연관성이다. 아이가 미국에 와서 영어를 배우면, 잘 어울리고 싶어서 다른 미국인들처럼 되기 위해 할 수 있는 모든 것을 한다. 반면에 성인들은 더 확고한 정체성을 수립하며 그들의 모국 문화에 더 뿌리를 두려는 경향이 있다.

하지만 이 문제를 해결할 방법이 있다. 영어를 배우고자 할 때 할 수 있는 최선의 일은 여러분이 정말 사랑하고 몰입할 수 있는 미국 문화(혹은 영국이나 호주 문화, 만약 당신이 그 나라에서 공부한다면)의 일부를 찾는 것이다. 음악, 영화, 음식, 무술 등 무엇이든 흥미로운 것은 가능하다. 예를 들어 만약 당신이 미식축구와 같은 문화에 특화된 어떤 것을 발견한다면 그건 특히나 유용하다. 더욱더 중요한 건, 같은 것을 사랑하는 원어민들과 당신의 관심사를 연결하고 공유할 수 있어야 한다.

시도해 봐라. 이것은 당신이 더 유창하게 말하는데 도움이 될 뿐만 아니라 당신의 발음에도 도움이 된다.

---

## 움직임과 미니 스토리

이전 챕터에서 움직임의 중요성을 언급했다. 제임스 애셔**James Asher** 박사의 TPR(전신반응, Total Physical Response) 시스템은 움직임과 학습 사이의 연결을 강조한다. 블레인 레이**Blaine Ray**의 TPRS(스토리텔링을 사용한 전신 반응, Total Physical Response using Storytelling)

방법은 움직임을 스토리와 연결한다. '노력이 필요 없는 영어'는 두 시스템을 모두 사용한다.

라이브 이벤트를 할 때, 내가 학생들에게 가장 먼저 하는 말 중 하나는 미니 스토리를 듣는 것을 전신 활동으로 만들어야 한다는 점이다. 미니 스토리 효과의 대부분은 당신의 반응이 얼마나 강한지에서 나온다.

모든 (듣고 대답하기) 미니 스토리에서, 당신은 세 가지 유형의 문장만 듣게 된다. 당신은 각 유형의 문장에 특정한 방식으로 대응해야 한다. 문장의 첫 번째 유형은 진술이다. 진술은 질문이 아니지만, 여전히 "아~~~"라고 말하면서 대답해야 한다. 기억해라, 더 강한 움직임과 감정은 더욱더 강력하다. 그래서 단순히 "아아"라고 말하지 마라, 그것을 외치고 동시에 몸도 움직여라. 그 진술이 당신이 이제껏 들어본 것 중 가장 흥미로운 정보라고 가정한다. 고개를 끄덕이고 대답하면서 미소를 짓는다.

문장의 두 번째 유형은 대답을 알고 있는 질문이다. 이런 문장을 들으면, 당신은 그것에 대해 정말 흥분하고 있다는 것을 보여 주도록 온 몸을 움직여 가능한 한 큰소리로 대답을 외친다. 과장스럽게 행동하라. "예"라고 소리치면서 팔을 위로 올린다.

당신이 미니 스토리에서 듣게 될 세 번째 최종 유형은 대답을 알지 못하는 질문이다. 내가 이전에도 언급했듯이, 이 경우에 당신이 할 일은 가능한 한 빨리 추측해서 소리 내는 것이다. 다른 문장 유형과 마찬가지로, 추측해서 크게 소리치고 그렇게 하는 동안 과장된 몸동작을 사용한다.

속도, 외침, 움직임의 조합은 문장을 기억하는데 함께한다. 단지 소리만 내는 것이 아니라 당신은 소리, 움직임, 감정까지 얻게 된다. 이로 인해 당신은 문장을 기억하는데 훨씬 적은 반복이 필요하게 된다. 동시에 긍정적인 감정을 발생시키기 위해서, 당신은 영어 말하는 것을 열정적으로 흥분된 느낌과 연결하기 시작한다.

미니 스토리에 스트레스는 없다. 왜냐하면 누구나 'yes'나 'no'를 말할 수 있다. 그것이 바로 질문이 매우 쉽게 만들어진 이유이다. 그것은 기억 연습이 아니라 반응 연습이다. 전체 분석 부분을 건너뛰고 빠른 응답으로 바로 이동한다.

라이브 이벤트에서 우리가 하는 또 다른 연습은 이야기 재연이다. 일단 학생들이 이야기를 듣고 그것을 잘 알게 되면, 학생들은 그것을 친구에게 다시 말한다. 학생들은 일어서서 크고 강한 몸짓으로 온몸을 사용하며 크고 열정적인 목소리로 이야기를 한다. 그 아이디어는 정확성이 아니라 속도에 초점을 맞추어 가능한 한 빨리 이야기를 하는 것이다.

당신도 역시 이것을 할 것이다. 질문과 대답에 숙달한 후에 오디오 미니 스토리를 꺼라. 최고의 감정 상태에서, 가능한 한 빠르고 크게 이야기를 다시 말한다. 이야기를 외치고 말할 때 큰 몸짓도 취하라. 그것을 게임하듯이 하고 속도를 목표로 하라. 실수해도 괜찮고 이야기의 세부사항을 바꾸는 것도 괜찮다. 가능한 한 빨리 말하는 연습을 해라.

결론적으로 최고의 학습은 당신이 최고조에 달하고, 깊이 몰두하고 활동적일 때 일어난다. 나의 라이브 강의는 '영어 락 콘서트'와 같고 모든 사람은 엄청난 에너지를 받는다. 이것을 집에서 재현하기 위해서 당신이 가장 좋아하는 음악을 튼다. 문을 닫으면 아무도 당신을 볼 수 없다. 이제 미니 스토리를 듣기 직전에 뛰어 다녀라. 에너지가 넘치는 상태에서 미니 스토리를 듣기 시작한다. 미니 스토리를 할 때, 흥분해라. 미치도록 즐겨라. 대답을 외쳐라. 이야기를 빨리 다시 말하는 것으로 끝내라. 기억해라, 당신의 반응이 더 강력하고 더 많은 에너지를 사용할수록 당신의 학습은 더 깊어진다.


## 실제 연습하기

여기 질문 없는 더 진보된 미니 스토리가 있다. 참고 : 굵은 글씨체 단어는 세미나에서 학생들에게 미리 가르치는 어휘이다. 아이디어를 주기 위해 내용 일부를 첨부한다.

질문을 포함한 이 강의의 전체 오디오 버전은 다음 링크에서 확인하라. http://effortlessenglishclub.com/point-of-view-grammar

듣고 대답하는 미니 스토리 : The Race

It's five o'clock and Allen is riding his motorcycle in San Francisco. He is riding down Van Ness Street and comes to a **stop light.**

A red Ferrari **pulls up** next to him. The driver's wearing dark sun glasses. He **looks over** at Allen.

Allen looks at him and realizes that the driver is Tom!

Tom **sneers** at Allen. He says, "When the light turns green, let's race."

Allen says, "All right, **you're on!**"

Tom says, "I'm gonna **smoke you!**"

Allen says, "You wish. I'm gonna beat you and your **sorry-ass car.**"

Allen and Tom wait at the light. They **rev their engines.**

Suddenly, the light turns green. Allen and Tom **take off!**

They **zoom** down Van Ness at top speed.

Tom is winning.

But suddenly, blue and red lights appear behind Tom - it's the police. They **pull him over.**

Allen zooms past Tom, laughing. He yells, "**Better luck next time!**"

Allen is the winner!

질문을 포함하고 있는 이 이야기의 오디오 버전을 다운로드한다. 7일 이상 매일 이야기를 듣고 대답한다(그리고 기억해라, 깊은 학습 효과 때문에 더 많은 반복은 더욱 효과적이다). 듣고 대답하기를 끝마칠 때마다, 오디오를 끄고 가능한 한 빠르게 이야기를 다시 말한다. 매일 당신의 말하기가 더 빨라지는 것을 주목한다.

EFFORTLESS
ENGLISH

# 영어 읽기, 쓰기, 말하기, 비즈니스 영어 및 발표의 비밀

*chapter*

# 16
# 당신의
# 일일 영어 학습 계획

그럼 영어를 노력없이 말할 준비가 되었는가? 말할 때마다 편안하고 자신감을 느낄 준비가 되었는가? 문법 공부, 교과서, 어휘 목록, 학습용 문제지, 반복 연습을 놓을 준비가 되었는가? 학습의 즐거움을 재발견할 준비가 되었는가? 당신에게 영감을 주는 목표에 집중할 준비가 되었는가? 실제 사람들과의 의사소통에 집중할 준비가 되었는가? 공부하지 말고 영어를 즐길 준비가 되었는가?

당신은 이제 '노력이 필요 없는 영어'의 핵심 시스템을 알게 되었다. 나는 당신이 영어를 자연스럽게, 유창하게 그리고 쉽게 배우도록 계획을 세워왔다. 가장 최근의 연구와 전 세계 수천 명의 학생에게 20여 년 이상 영어 수업을 가르친 나의 경험을 통해 나는 왜 전통적인 언어 교육 방법이 효과가 없는지 보여 주었다. 오랫동안 영어로 어려움을 겪고 있는 분들에게 희망을 주려고 노력했다. 그것은 당신이 영어를 못해서가 아니다. 나를 믿어라. 당신은 올바른 방법, 자연스러운 방법을 배우지 못했을 뿐이다.

당신이 영어를 자연스럽게, '노력이 필요 없는 영어' 방법으로 배울 때, 당신은 마침내 숨겨진 커리큘럼에서 벗어난다. 당신은 교과서 혹은 반복 연습에 의존하지 않는다. 대신 당신은 '노력이 필요 없는 영어' 시스템의 간단한 방법을 사용한다.

- 영어에 긍정적인 최고조의 감정을 연결한다.
- 제한하는 믿음을 강화하는 믿음으로 바꾼다.
- 열정을 불태우고 배우는 동안 움직인다.
- 내면의 영화를 감독하고 지휘한다.
- 단어가 아니라 구절을 배우는데 집중한다.
- 문법을 공부하지 않는다.
- 눈이 아니라 귀로 배운다. 공부 시간의 80%를 듣는데 보낸다.
- 깊게 배운다. 그래서 구어체 영어를 진정으로 익히는데 필요한 수많은 반복에 기꺼이 시간을 투자한다.
- 문법을 숙달하기 위해 시점 이야기를 사용한다.
- 원어민들이 사용하는 진짜 영어 자료에 초점을 맞추어 실제 영

어를 배운다.

- 번역 없이 자동으로 응답할 수 있게 훈련하는 듣고 대답하는 이 야기로 영어를 생각하면서 배운다.

7가지 법칙은 '노력이 필요 없는 영어' 방법의 핵심이다. 이 방법은 당신을 영어 유창함으로 이끄는 엔진이다. 그러나 다른 좋은 엔진과 마찬가지로, '노력이 필요 없는 영어' 방법은 당신이 투입한 연료만큼만 효과적이다. 당신이 영어나 그 어떤 것을 배우는데 필요한 연료는 실제로 당신이 배움에 쏟는 감정적인 에너지와 동기이다. 그래서 학습의 심리적 측면에 그렇게 많이 집중한 것이다. 큰 목표를 설정하여 영어를 배우는데 필요한 감정적인 연료를 만드는 방법을 보여 주었다. 나는 몸을 움직이고 사용하는 것이 어떻게 더 빨리 배울 수 있는지에 관해 토론했다. 나는 또한 당신의 두려움을 강력하고 편안한 영어로 말하는데 필요한 에너지로 전환하는 방법을 보여 주었다.

지금 당신이 해야 할 일은 밖에 나가서 그 일을 하는 것이다. 결국 이 단계를 단지 아는 것만으로는 충분하지 않고 행동을 취해야만 한다. 그러나 '일Work'이란 표현은 '노력이 필요 없는 영어' 시스템은 즐거운 마음가짐과 결합할 때 가장 효과적이기 때문에 사용하기에 잘못된 단어이다. 당신은 더 이상 실수를 두려워할 필요가 없다. 더 이상 '하나의 정답one right answer'을 찾을 필요가 없다. 더 이상 시험이나 성적 때문에 스트레스를 받을 필요가 없다.

사실 당신은 더 이상 '영어를 공부하지' 않고 '영어와 놀게' 될 것이다. 당신은 당신의 자연스러운 호기심을 즐길 것이다. 당신은 재미있고, 흥미롭고, 매력 있는 실제 자료를 사용할 것이다. 당신은 에너지가 넘치고 흥분될 것이다. 몸도 움직일 것이다. 배우는 동안 미소 짓고 웃게 될 것이다.

다행스럽게도 지금은 영어를 배우는데 최고의 시기이다. 많은 자료를 이용할 수 있다. 인터넷 덕분에, 영어 학습에 관한 웹사이트, 기사와 책, 연습하는데 사용할 수 있는 모든 오디오, 비디오에 온라인으로 접속할 수 있다. 당신은 심지어 교사를 고용하거나 온라인에서 함께 소통할 수 있는 언어 파트너를 구할 수 있다.

당신은 더 이상 학교에 의존하지 않는다. 당신은 더 이상 숨겨진 커리큘럼을 따를 필요가 없다. 당신은 이제 당신 자신의 교육의 주인이다. 영어 숙달은 당신의 손이 닿는 곳에 있다.

## 노력이 필요 없는 영어가 스며든 일상

나는 '노력이 필요 없는 영어' 시스템을 설명하는데 최선을 다했다. 이쯤 되면, 당신은 자연스러운 방식으로 영어를 소리를 배워보고 싶다고 결정을 한다. 당신은 영어를 노력없이 말하기를 원한다. 그래서 질문은 다음과 같다. "어떻게 시작하나요?" "지금까지 언급한 내용을 어떻게 다 받아들여 영어를 배우는 매일의 일상에 적용할 수 있나요?" "그러한 일상은 어떤 모습인가요?"

매일의 영어 학습 절차를 확립하는 것은 매우 중요하다. 절차란 무엇인가? 절차란 감정적이고 심지어 당신에게 신성한 습관이다. 당신의 성과는 일관성에 달려 있다. 계속 매주 작은 변화를 만듦으로써, 영어 유창함으로 가는 길에 가속도가 붙는다. 각각의 개선은 이전 내용을 바탕으로 하여 점점 가속화된다.

매주 당신의 듣기 실력은 향상된다. 한동안 말하기에는 어떤 일도 발생하지 않는다. 더 많이 이해하지만 말하기에는 큰 차이가 없다. 그러다가 갑자기 몇 달 후 놀라운 일이 일어난다. 영어 구절이 더욱더 빠르고 쉽게 나오기 시작한다. 처음에는 약간씩 발생하다가 그다음에는 매주 점점 더 자주 일어난다. 6개월에 이르렀을 즈음, 당신은 말하기가 상당히 향상되었다는 것을 느낀다.

이러한 개선은 지속적인 매일의 절차를 통해 만들어진다. 세미나를 할 때, 나는 학생들에게 아침, 낮, 저녁에 걸쳐 '노력이 필요 없는 영어' 절차를 만들도록 격려한다.

예를 들어 아침에 깨어나자마자, 가장 좋아하는 에너지의 음악을 재생한다. 이 음악을 들을 때, 긍정적인 영어 경험 목록들과 확고한 믿음을 꺼낸다. 목록의 각 아이템을 읽고 긍정적인 경험의 감정을 기억한다. 그 다음에 영어를 이용한 당신의 가장 큰 목표를 생각한다. 즉, 어떻게 당신이 영어를 사용하여 자신과 가족을 위해 더 나은 삶을 창조할 것인가를…… 마지막으로 당신의 강렬한 영화를 감독하고 프로그램하기 위해 '스위시' 기법을 10번이나 그 이상 사용한다.

이쯤 되면 당신은 기분이 아주 좋아지게 되고, 당신 스스로 최고조의 감정적인 상태에 이르게 된다. 음악이 연주되고 있는 가운데, 환상적인 기분을 느낄 때까지 점프하고 웃고 소리친다. 이제 당신은 영어를 들을 준비가 되었다. 쉬운 영어 오디오를 재생한다. 이상적으로, 듣고 대답하는 미니 스토리를 재생한 다음 몇 가지 시점 이야기를 재생한다. 들을 때, 질문에 대답을 외치고 큰 움직임과 몸짓을 사용한다. 만약 어느 시점에 에너지가 떨어지는 것을 느낀다면, 음악을 다시 재생하고 최고조의 감정 상태를 만든다. 그러고 나서 영어 듣기를 다시 시작한다.

이 전체 아침 절차는 30분밖에 걸리지 않는다. 당신은 영어를 향상시키면서 하루를 기분 좋게 시작한다. 그때는 아마 출근 또는 학교에 갈 시간일 것이다. 더 많은 영어를 듣기 위해 당신의 이동 시간을 활용한다. 당신은 아마 다른 사람들 주변에 있을 것이기 때문에, 이때가 오디오북을 조용히 듣기에 좋은 시간대이다.

점심시간에는 더 많은 자유시간이 있을 테니, 30분 이상 미니 스토리나 시점 이야기를 들으며 시간을 보낸다. 혼자만의 시간이 있다면 집에서 했던 것처럼 대답을 외친다.

집으로 오는 길은 더 많이 쉬운 영어 듣기를 할 수 있는 또 다른 기회이다. 아마 당신은 아침과 동일한 오디오북 챕터를 반복한다. 만약 당신이 아이들과 함께 집에 머무른다면, 아이들이 놀거나 낮잠을 자고 있을 때 듣기 시간을 가진다. 만약 당신이 어딘가를 걷거나 줄 서 있다면, 그때 영어를 듣는다. 가능한 모든 자유 시간을 사용하여 듣는다.

저녁에 집에 있을 때, 더 많은 영어 듣기를 한다. 이상적으로, 매일 밤 같은 시간을 정해두고 다시 한 번 같은 미니 스토리와 시점 스토리를 최고 상태에서 듣는다. 이것은 30분 정도 더 걸릴 수도 있다. 필요하다면 방으로 들어가서 대답을 외치고 모든 에너지와 감정을 쏟는다.

그런 다음 영화 기법을 사용하여 영화 장면을 공부하고 연습할 수도 있다. 그리고 저녁 요리와 같은 다른 일을 할 때도 항상 배경에 영어 오디오를 틀어놓는다. 하루종일 영어의 소리에 자신을 노출한다.

이런 일상의 습관을 만들고, 하루의 공부 시간을 네 개 이상의 조각으로 나눔으로써 더욱 강도 높게 만든다. 다음 날, 당신은 동일한 절차를 반복한다. 당신이 깊게 배우기를 원했기 때문에, 같은 오디오를 다시 반복한다. 같은 미니 이야기와 시점 이야기를 듣는다. 같은 오디오북을 듣는다. 같은 영화 장면을 본다. 각각의 오디오를 제대로 마스터하기 위해 7일 이상 이것을 한다. 다음 주에, 또다시 시작한다.

오디오 스토리 수업의 가장 좋은 장점은 어디서든 할 수 있다는 점이다. 당신은 읽고 듣는 것을 동시에 할 수 있다. 혹은 걸으면서 듣기도 가능한데 그것은 훨씬 더 좋다. 당신에게 도움이 되는 건 뭐든지 해라. 단지 그냥 해라. 그러면 곧 당신이 영어를 유창하고 쉽게 말할 수 있게 되는 날이 온다.

최고의 결과를 위해, 당신 자신을 6개월 동안의 강도 높은 일정에 맡겨둔다. 그 시간 동안, 아무리 짧은 시간이라도 틈틈이 영어를 듣는다. 항상 핸드폰이나 오디오 플레이어에 영어 오디오를 가지고 다닌다. 항상 당신과 함께하도록 한다. 미니 스토리, 시점 이야기 그리고 영화 기법을 위해 개인 시간을 사용한다. 공공장소에 있을 때는, 영어 오디오 책과 다른 영어 오디오를 조용히 듣는다. 인생의 모든 순간을 영어로 채운다.

이러한 지속적인 습관이 성공의 비밀이다. 6개월 동안 집중함으로써, 당신은 영어 말하기 능력을 극적으로 향상시킬 수 있다. 당신은 자신감과 힘을 키워나가게 된다. 완벽하게 말하지 못하는 것을 두려워하지 마라. 사실 그 누구도 완벽하지 않으며 심지어 원어민조차도 완벽하지 않다.

당신은 수년간 과거의 방법을 사용해왔고 그 결과에 만족스럽지 않다. '노력이 필요 없는 영어'를 적어도 6개월 사용한다. 이 시간 동안, 시스템에 전적으로 전념한다. 6개월이 되었을 때, 향상된 부분을 인지하고 그것을 전통적인 영어 방법과 비교해 본다. 당신은 아주 기분 좋게 놀라게 된다.

마침내 당신의 '노력이 필요 없는 영어'를 말할 수 있는 능력이 개발된다. 단어가 자동적으로 나온다. 문법도 자동적으로 향상될 것이며, 자신감도 자동적으로 나타나게 된다.

'노력이 필요 없는 영어'에 오신 것을 환영한다. 이 책의 마지막 부분에서, 나는 고급 주제와 일반적인 질문들에 관해 토론할 것이다. 그러나 설명한 대로 핵심인 '노력이 필요 없는 영어' 시스템을 사용해 적어도 6개월을 보낼 때까지 당신은 이 고급 방법에 집중해서는 안 된다. 대부분의 학습자는 단지 이 핵심 시스템이 필요하다.

## 온라인으로 영어 배우기

이전에도 언급했듯이, 웹은 지금 당신이 온라인에서 영어를 배우는데 필요한 모든 것을 가지고 있다. 당신은 영어 수업을 구매하고 개인 교사를 찾고 번역된 사전을 사용하고 새로운 단어를 저장하고 검토하고 영어 문법을 개선하고 다른 영어 학생들과 채팅할 수 있다. 이 모든 것을, 당신은 온라인에서 할 수 있다. 이것은 언어 학습자들에게 아주 좋은 일이다. 원어민 영어 사용자에 대한 정기적인 접근을 어렵게 생각하는 학생들도 인터넷에 로그인하는 것만으로 매일 영어를 듣고 말할 수 있다. 다음은 웹에서 최고의 결과를 얻기 위한 몇 가지 권장 사항이다.

## 인터넷에서 MP3 영어 수업 다운로드

당신의 첫 단계는 실제 영어 과정을 온라인에서 찾는 일이다. 당신은 문법이나 읽기 수업이 아니라 진짜 영어를 사용하는 수업을 원한다. 당신은 또한 교과서가 아니라 오디오 수업을 원한다.

오디오 수업은 몇 가지 이점이 있다. 한 가지 이점은 당신이 즉시 다운로드할 수 있다는 사실이다. 또 다른 이점은 휴대가 용이하여 단순히 핸드폰이나 오디오 플레이어에 수업내용을 두고서 어디서나 어느 때고 영어를 공부할 수 있다. 당신도 알다시피 일반적으로 오디오 수업은 교과서보다 훨씬 더 효과적이다.

## 온라인 영어 커뮤니티 찾기

비싼 가정교사나 영어 학교를 위해 돈을 지급할 필요가 없다. 당신은 종종 매우 합리적인 가격으로 영어 대화 파트너들을 온라인에서 발견할 수 있다. 대부분의 대화 파트너들은 전 세계 누구와도 무료로 대화하기 쉬운 음성 채팅 프로그램을 사용한다. 게다가 어디에 사는지 상관없이 당신은 쉽게 원어민과 고급 영어 학습자들을 발견할 수 있다. 어떤 사람들은 비디오 채팅을 더 잘 사용한다.

커뮤니티는 또한 당신을 지원하고 격려한다. 당신은 다른 학습자들로부터 좋은 아이디어를 얻을 수 있다. 당신은 또한 전 세계의 새로운 친구들을 사귈 수 있다. '노력이 필요 없는 영어' 과정의 멤버들은 자동적으로 국제적인 커뮤니티에 연결되고 우리의 포럼과 단체 사이트를 사용할 수 있다.

## 온라인 영어 사전과 단어 저장소

당신이 영어 수업 자료를 공부할 때, 가끔 사전에서 새로운 단어를 찾거나 혹은 모국어로 번역이 된 내용을 찾고 싶을 것이다. 온라인 사전은 정말 좋다. 일반 사전보다 훨씬 빠르다.

당신은 2가지 타입의 사전이 필요할 것이다. 첫 번째는 표준 사전이다. 이것은 모국어로 된 번역된 사전일 수도 있고 혹은 영어 전용 버전의 사전일 수도 있다. 당신에게 필요한 다른 사전은 관용어 사전이다. 당신이 추측하듯이, 이 사전은 표준 사전에서는 발견할 수 없는 일반적인 영어 관용구(구절)를 포함한다.

## 오디오와 비디오

인터넷은 진짜 오디오와 비디오 자료의 뷔페의 장이다. 이전 챕터에서도 언급했듯이, 당신은 간단한 인터넷 검색으로 사실상 모든 주제에 대한 팟캐스트와 오디오북을 찾을 수 있다. 당신은 또한 다양한 웹사이트에서 미국과 영국의 영화와 텔레비전을 볼 수 있다.

더 고급 수준의 학생들은 실제 대화 내용을 들을 수 있다. 이것들은 일상적인 대화를 이해하는데 필요한, 학습자들에게 최고의 내용이다.

chapter

# 17
# 즐거운
# 영어 읽기의 힘

당신은 '노력이 필요 없는 영어'
시스템을 매일 사용 중이다. 당신은 흥미진진한 이야기 듣기에 시간 대부분을 집중한다. 당신은 시점 이야기를 들음으로써 문법을 자연스럽게 배운다. 당신은 반복을 통해 깊게 배운다. 그 결과 당신의 영어 말하기는 향상된다. 매달 당신은 더욱더 쉽게 힘들이지 않고 말한다. 당신의 자신감은 증가한다. 당신은 원어민들이 가장 흔하게 사용하는 높은 수준의 영어를 숙달하게 된다.

당신의 실력이 향상됨에 따라 결국 당신은 영어의 더 높은 레벨로 나아가기를 원할 것이다. 어쩌면 당신은 미국이나 캐나다로 유학 가기를 원할 수 있다. 어쩌면 당신은 영어를 필요로 하는 국제적인 회사에서 일하기를 원할 수 있다. 어쩌면 당신은 토플TOEFL, 토익TOEIC 혹은 아이엘츠IELTS와 같은 시험의 통과가 필요할 수 있다.

당신에게 이러한 시점이 왔을 때, 영어 읽기를 향상시키는 가장 좋은 방법은 무엇일까? 어떻게 당신은 빨리 읽는 것을 배울 수 있을까? 어떻게 더 빨리 단어를 배우기 위해 읽기를 사용할 수 있을까? 어떻게 당신의 읽기 이해력을 증가시킬 수 있을까? 읽기와 듣기를 결합할 수 있는 최고의 방법은 무엇일까?

대부분의 학교는 학문적 기술 개발 접근법을 사용하여 읽기를 가르친다. 일반적으로 학생들은 어려운 기사를 읽고 이해한 것을 테스트하기 위해 질문에 대답한다. 학생들은 기사의 주요 아이디어를 파악하는 방법, 기사에 대한 객관식 질문에 대답하는 방법, 그리고 알려지지 않은 단어의 의미를 추측하는 방법을 배운다. 그러고 나서 그들은 그들의 성과에 따라 등급이 매겨진다.

나의 교직 경력 동안, 나는 대부분의 학생이 이러한 접근을 지루해한다는 것을 발견했다. 더욱더 나쁜 것은, 연구의 상당 부분은 이 방법이 훨씬 즐겁고 자연스러운 방법보다 더 못하다는 것을 보여 준다. 자연스러운 방법을 사용하는 학생들은 학교와 교과서에 기반을 둔 전통적인 방법을 사용하는 학생보다 더 잘 쓰고 더 많은 어휘를 알고 더 좋은 문법 이해를 하고 토플 시험에서 더욱더 좋은 결과를 낸다.

정확히 이 강력한 자연스러운 방법이란 무엇인가? 즐거움을 위해 읽는 것이 가장 효과적인 독서 방법이라는 연구는 분명하다. 다시 말하면 당신이 해야 할 모든 것은 흥미롭고 아주 쉬운 책을 영어로 읽는 것이다. 어떤 연습도 필요치 않다. 어떤 시험도 필요치 않다. 어떤 복잡한 읽기 전략도 필요치 않다. 어떤 강의도 필요치 않다. 어떠한 필수 도서도 필요치 않다.

## 관심분야의 쉬운 책을 많이 읽기

영어로 읽는 데에 큰 비밀은 없다. 사실 그 대답은 이보다 더 간단할 수 없다. 당신은 흥미롭고 당신에게 아주 쉬운 책(영어로)을 읽는 것이 필요하다. 당신은 매일 읽고 많이 읽는 것이 필요하다.

양이 읽기를 향상하는 핵심인 것으로 밝혀졌다. 다시 말해 더 좋은 영어 읽기의 핵심은 매일 더 많은 페이지 그리고 매달 더 많은 책을 읽는 것이다. 극도로 어려운 책을 선택하는 것은 역효과를 낳는다. 몇몇 학습자들은 어려운 책들을 읽음으로써 빠르게 향상되리라 생각하지만, 그 반대가 정답이다. 최고의 읽기 자료는 사전의 도움 없이 당신이 읽을 수 있는 것이다.

흥미진진한 내용도 또한 필수적이다. 당신은 반드시 당신에게 극도로 흥미로운 책을 선택해야 한다. 물론 이것은 모든 사람마다 다르다. 만약 당신이 과학을 좋아하면, 당신은 과학과 공상 과학에 관한 쉬운 책을 읽어야 한다. 연애를 좋아한다면, 쉬운 연애소설책을 읽어야 한다. 만화책을 좋아한다면, 영어로 된 당신이 가장 좋아하는 만화책을 읽는다.

처음에는 청소년용으로 집필된 책들을 읽을 수도 있다. 매주 당신이 할 수 있는 한 많이 읽어라. 당신이 흥미로운 자료들을 많이 읽을수록 당신의 읽기는 빨라지고 더 빨리 향상된다. 곧 당신은 성인용으로 집필된 소설책과 비소설 책을 읽게 된다.

## 하나로 2가지 효과 만들기

즐겁게 읽는 가장 최고의 접근법은 듣기와 함께 결합하는 방법이다. 당신이 동시에 듣고 읽을 때, 당신은 "하나로 2가지 효과를 볼 수 있다." 다시 말해 당신은 두 가지 목표를 동시에 달성한다. 즉, 당신은 듣기(그리고 말하기도 포함해서)가 향상되고 읽기 능력도 향상된다.

가능하다면 당신이 읽고 있는 책의 오디오북을 구해라. 반드시 '원문 그대로'의 오디오북을 구해라. 원문 버전은 오디오 형태로 책의 모든 단어를 가질 것이다. 그러면 당신은 동시에 읽어가면서 각 챕터를 들을 수 있다. 이렇게 함으로써 당신이 마주치는 새로운 단어들의 정확한 발음을 자동적으로 배울 수 있다. 또한 당신을 위해 소리내어 책을 읽고 있는 원어민을 따라갈 때 조금 더 빨리 읽는 법을 배우게 된다.

듣기와 읽기를 함께하는 것은 문어체와 구어체 어휘 둘 다를 구축할 수 있다. 당신은 실제 자료를 통해 더욱더 진화된 레벨로 새로운 영어 구절을 배우게 된다. 당신의 영어 능력이 더욱더 향상될 때 소설, 비소설 책과 오디오북은 점점 더 중요해진다. 고급 수준일 때 당신은 흥미로운 책을 읽고 듣는데 대부분의 시간을 보내는 사람이 된다.

그만큼 단순하다. 좋아하는 것을 읽고 많이 읽어라. 가능할 때마다 오디오북을 들어라. 이것이 당신의 영어 읽기를 향상하는 가장 빠르고 즐거운 방법이다. 다음 챕터에서 보겠지만, 그것은 또한 당신의 글쓰기를 향상하는 훌륭한 방법이다.

## 연습하기

온라인에 접속해서 청소년용 영어 소설을 사라. 나는 《하디 보이즈The Hardy Boys》 혹은 《낸시 드류Nancy Drew》와 같은 시리즈로 시작하기를 추천한다.

매일 책 한 챕터씩을 읽어라. 달력에다가, 당신이 읽은 페이지의 숫자를 기록해라.

일주일 후에는 평균적으로 매일 읽는 페이지 숫자를 증가해라. 조금 더 많이 읽어라. 매주 당신의 목표는 당신이 이전 주에 읽은 것보다 더 많은 페이지를 읽는 일이다.

첫 번째 책을 끝마쳤을 때, 또 다른 시리즈를 읽어라. 그 모든 시리즈를 끝마칠 때까지 계속해서 시리즈 책을 읽어라. 그러면 당신은 다소 더 어려운 자료들에 대한 준비가 될 것이다.

물론 가능하면 언제든지 책들의 오디오 버전을 구해라.

*chapter*

# 18
# 좋은 영어
# 글쓰기의 비밀

몇 년 전, 나는 샌프란시스코에서 고급 작문 수업을 가르치고 있었다. 나의 학생들은 미국 대학에 들어가기를 희망하는 외국인 학습자들이었다. 그들은 왜 미국에서 공부하기를 원하는지에 대한 에세이 작성을 막 끝냈다.

모든 학생들이 나에게 그들의 에세이를 건네고 교실 밖으로 걸어 나갔다. 나는 앉아서 첫 번째 에세이를 잡고 읽기 시작했다. 나는 첫 번째 문단을 읽고 완전히 당황했다. 소개가 엉망이었다. 문장은 극도로 길고 복잡했고 수동적인 표현으로 쓰여 있었다. 어휘도 복잡하고 사용도 부정확했다.

계속 읽으면서 나는 충격을 받았다. 학생의 에세이는 이해할 수 없었다. 심지어 나는 글의 요지도 이해하지 못했다. 좌절감을 느끼며, 나는 그 에세이를 옆에 두고 다른 것을 잡았다. 두 번째 에세이를 읽기 시작했고 정확히 같은 문제를 만났다. 다시 한 번 따라가거나 이해하기 어려운 길고 복잡한 문장들이 있었다. 다시 한 번 학생은 부적절하고 잘못된 복잡한 어휘를 사용했다. 다시 한 번 나는 무엇을 말하려는 건지 알 수 없었다.

당황한 나는 모든 에세이를 훑어보았고 각각의 에세이에서 동일한 문제를 발견했다. 대단히 난해한 문장들, 너무 복잡한 어휘, 수동적인 형태의 과도한 사용 그리고 명확한 메시지와 관점의 부재. 에세이는 읽을 수 없었다.

마지막 에세이를 내려놓으며 나 스스로 말했다.

"엉망진창이군."

## 학문적 글쓰기의 문제점

왜 이 에세이들이 그렇게 나쁘고 왜 그것들은 비슷한 방법으로 나쁜가? 해답은 다시 숨겨진 커리큘럼에 있다. 나의 학생들은 모두 학교에서 영어 글쓰기를 배웠다. 학교 수업에서 학생들은 복잡한 문장, 복잡한 어휘 그리고 수동적인 형태의 학문적 글쓰기 양식을 배웠다.

교사와 학생 모두 지적으로 보이기 위해 이런 글쓰기 스타일을 사용한다. 그러나 사실 대부분의 학문적인 글쓰기는 끔찍하다. 예를 들어 학문적인 저널은 가능한 혼란스러워 보이는 난해한 문장들로 채워져 있다. 그들의 교수에 의해 영향을 받은 학생들은 이런 종류의 글쓰기를 모델로 삼으려고 한다. 나의 샌프란시스코 수업에서 보았듯이, 그 결과는 일반적으로 형편없다.

## 헤밍웨이처럼 쓰기

학문적인 글쓰기와 대조적으로 노벨상 수상 작가인 어니스트 헤밍웨이Ernest Hemingway는 단순하고 직접적인 글쓰기 스타일로 유명했다. 헤밍웨이는 일반적으로 짧은 문장, 단순한 구절 그리고 아름답고 강렬한 스토리를 만드는데 일반적인 어휘들을 사용했다.

헤밍웨이만큼 글을 잘 쓰지는 못하더라도 그의 일반적인 글쓰기 스타일은 쓰기에 적용하기 최고이다. 대부분의 영어 학습자들은 글을 지나치게 복잡하게 만들기 때문에 글을 잘 못 쓴다. 그들은 '지적으로 intellectual' 보이려고 노력하지만, 결국 이해할 수 없는 문장으로 끝이 난다. 해결책은 더욱더 대화형으로 쓰는 것이다. 다른 말로, 당신이 말하는 것처럼 써라.

'대화적인 글쓰기Conversational Writing'는 말하기랑 비슷하다(완벽히 같지는 않지만). 당신은 영어로 말할 때, 아마 분명하고 단순하고 직접적인 문장을 사용한다. 당신은 가능한 한 단순하게 당신의 생각을 표현한다.

짧고 직접적인 문장이 가장 좋다. 긴 문장을 짧고 간단한 문장으로 나누어라. 대부분은 수동적인 것보다는 능동적인 표현을 사용해라. 교수, 학술 기사 또는 기타 학술 자료보다는 기자와 헤밍웨이에 대한 글을 모델로 해라.

좋은 글쓰기는 자르고 단순화하는 것이다. 그러므로 당신의 목표는 당신의 생각을 가능한 적은 단어를 사용하여 전달하도록 해야 한다. 당신의 글을 더욱 단순하게 만들수록 더 분명해지고 강력해진다.

## 영어 글쓰기를 개발하는 방법

그렇다면 어떻게 단순하고 대화적이며 직접적인 글쓰기 스타일을 개발할 것인가? 당신은 이미 그 해답을 알고 있다. 이전 챕터에서 우리는 즐거운 읽기의 중요성을 이야기했다. 연구결과는 즐거운 읽기가 당신의 읽기 속도, 읽기 이해력과 어휘를 향상시키는 훌륭한 방법일 뿐 아니라 그것은 쓰기도 향상시키는 최고의 방법이라는 것을 말해준다.

듣기가 말하기의 핵심인 것처럼 읽기는 쓰기의 핵심이다. 같은 원리로 적용이 된다. 이해 가능한 흥미로운 입력이 효과적인 출력의 기초이다. 다시 말하면 듣기는 말하기의 기초이고 읽기는 쓰기의 기초이다.

말하기를 향상시키기 위해서 아주 쉬운 듣기에 집중하는 것처럼 쓰기를 향상시키기 위해서 아주 쉬운 읽기에 집중한다. 영어 말하기를 숙달하기 위해 실제 스토리와 실제 오디오 듣기에 집중하는 것처럼 영어 쓰기를 숙달하기 위해서 스토리와 진짜 책들을 읽는다. 당신은 쉽게 말하기 위해 많은 듣기가 필요하고 쉽게 쓰기 위해 많은 읽기가 필요하다.

이것이 바로 쓰기를 위한 가장 중요한 활동이 읽기인 이유다. 글쓰기 문법, 글쓰기 어휘, 문장 구조, 철자 및 표현의 명료성을 향상시키는 데 있어 많은 양의 즐거운 읽기를 능가하는 것은 없다. 당신이 더 많이 즐겁게 읽을수록, 당신은 더욱더 직관적으로 영어 문장 구조를 습득한다. 다시 말하면 훌륭한 작가를 본떠서 당신의 글을 모델링함으로써 최고의 글쓰기를 배운다. 훌륭한 작가를 모방하는 최고의 방법은 그들의 책을 읽는 일이다.

기억해라. 읽기를 즐겁게 할 때, 읽는 양이 가장 중요한 것이다. 당신의 목표는 끊임없이 매주 당신이 영어로 읽는 페이지 수를 증가시키는 일이다. 당신이 사랑하는 소설을 읽어라. 당신을 매료시키는 비소설 책도 읽어라. 만화책을 읽어라. 간단한 기사를 읽어라. 얼마나 어려운지가 아니라 가장 중요한 건 당신이 읽은 양이다. 사실 더 쉬운 자료는 특히 글쓰기를 향상시킬 목적으로 가장 좋다.

## 매일의 글쓰기 연습 : 빠르게 쓰기

너무나도 많은 영어 학습자들이 학문적인 에세이를 쓰는데 집중한다. 이전에도 언급했듯이, 이런 종류의 에세이는 종종 몹시 복잡하다. 심지어 글을 잘 쓰더라도 학문적으로 글을 쓰는 것은 힘들고 가장 어려운 수준의 글쓰기이다.

그렇기 때문에 대부분의 학습자들이 먼저 단순한 형태의 글쓰기에 집중하는 것이 이득이 된다. 이렇게 하는 가장 최고의 방법은 매일 일기를 쓰는 일이다. 매일 일기 쓰기는 문장 구조를 개선하고 더 빨리 쓰고 더 명확하게 쓰는데 도움이 된다.

일기 쓰기의 핵심은 짧고 단순함을 유지하는 것이다. 매일 쓰고자 하는 하나의 명확한 주제를 선택해라. 당신이 그 전날 했던 어떤 것을 쓸 수도 있다. 당신의 목표 중 하나에 관해서 쓸 수도 있다. 최근에 읽은 것에 관해 쓸 수 있고, 그것에 대한 당신의 생각이나 감정을 전달할 수도 있다.

다음 단계는 알람을 위해 10분 동안 타이머를 설정한다. 당신이 시작할 준비가 되었을 때, 타이머의 '시작'을 누르고 가능한 한 빨리 쓴다. 가장 중요한 것은 절대로 멈추지 않는 것이다. 당신은 10분 내내 쉬지 않고 글을 써야 한다. 다음에 무엇을 써야 하는지 생각하느라 멈추지 마라. 실수를 수정한다고 멈추지 마라. 더 좋은 구절을 생각한다고 멈추지 마라. 당신의 손을 멈추지 말고 계속해서 10분 내내 머리에서 나오는 어떤 것을 써라.

이 기법은 '시간적 글쓰기Timed Writing'라고 불리고 흔히 전문적인 저자들이 사용한다. 멈추지 않고 빠르게 글을 쓰면서 비판적인 두뇌를 우회하고 단어가 흘러나오게 하는 법을 배운다. 당신이 처음 이것을 시도할 때 아마 좌절감을 느낄 수도 있다.

무엇을 써야 할지 생각하느라 고민하게 된다. 당신의 쓰기는 체계적이지 못할 수도 있다. 많은 실수도 할 수 있다. 하지만 걱정 마라.

당신이 매일 시간적 글쓰기를 하면, 당신은 향상될 것이다. 당신의 쓰기 속도와 유창함은 빨라지게 된다. 책이나 기사에서 읽은 문구를 자연스럽게 사용하는 자신을 발견할 수 있다. 빠르게 쓰기 때문에, 좀 더 단순하게 쓸 수밖에 없다. 문법 규칙을 생각할 시간이 없기 때문이다.

매주 당신의 문장 구조가 개선될 수밖에 없다. 아마도 더욱 중요한 건, 영어 글쓰기에 대한 자신감이 향상된다는 사실이다. 만약에 당신이 충분히 자신감이 있으면, 당신의 일기를 블로그에 작성함으로써 공개적으로 온라인에 올릴 수 있다. 매일 당신의 시간적 글쓰기의 새로운 글을 게재해라.

## 고쳐 쓰기는 좋은 글쓰기의 비밀이다

즐거운 읽기와 매일의 시간적 글쓰기는 영어 글쓰기의 기초가 된다. 그러나 단지 이 두 가지 방법만을 사용해서는 훌륭한 작가가 될 수 없다. 사실 당신의 시간적 글쓰기는 아마도 결코 훌륭하지 않을 것이다. 그것은 항상 실수와 문제를 가지고 있겠지만 괜찮다.

사실 당신의 불완전한 일기 쓰기는 좋은 친구가 된다. 이것은 소수의 작가들이 이야기하는 비밀이지만 거의 모든 첫 원고가 나쁘다는 건 모두가 안다. 다시 말하면 심지어 자신들의 책으로 수백, 수천 달러를 받는 전문적인 원어민조차도 나쁘게 쓸 수 있다. 모든 작가는 문법 실수를 한다. 모든 작가는 철자 실수도 한다.

위대한 작가들은 좋은 글쓰기의 비밀이 고쳐 쓰기라는 것을 안다. 당신도 알다시피 글쓰기는 말하기에 비해 큰 장점이 있다. 우리는 시간이 있다. 당신이 쓰고자 하는 것을 읽을 시간이 있다. 당신의 실수를 발견할 시간이 있다. 그러한 실수를 수정할 시간이 있다. 완벽하게 모든 것을 고쳐 쓰기 할 시간이 있다. 심지어 다른 사람들에게 당신의 글을 보여 주고 그들의 도움을 받을 시간도 있다.

블로그 올리기 혹은 이메일과 같은 가벼운 글쓰기는 고쳐 쓰기가 보통 필요하지 않다. 그러나 비즈니스 제안, 학교 에세이, 중요한 이메일, 전문적인 기사 등과 같은 중요한 소통에서 고쳐 쓰기는 절대적으로 필수적이다.

좋은 소식은 당신이 완벽하게 써야 할 필요는 없다는 사실이다. 첫 번째 원고에서 실수하는 것은 괜찮다. 심지어 첫 번째 원고가 형편없어도 괜찮다. 글쓰기에서, 최종 원고만이 중요하며 실수가 없어야 한다.

당신은 편집 과정을 통하여 훌륭한 최종 원고를 만든다. 먼저 빠르게 시간적 글쓰기를 사용하여 첫 번째 원고를 쓴다. 종이 위에 당신의 생각을 옮겨라. 실수도 있을 수 있다. 단지 빠르게 써라.

일단 첫 원고가 나오면, 당신이 해야 할 일이 있다. 자신을 조각가라고 생각하고 첫 번째 원고는 조각가가 만든 점토 작품이라고 생각한다. 당신 자신을 최종 독자(당신의 청중)라고 상상하면서 원고를 읽어라. 아이디어는 명확한가? 모든 것들이 가능한 직접적으로 진술되었는가? 혼란스러운 것은 무엇인가? 아이디어는 잘 구현되었는가?

의심할 여지없이, 당신은 많은 문제점을 발견한다. 그때가 고쳐 쓰기를 할 때이다. 문제점을 수정한다. 실수를 제거한다. 만약 필요하다면 전 단락 혹은 전체를 고쳐 쓴다. 당신이 집중할 것은 두 번째 원고를 더 간단하고 더 명확하고 더 직접적인 것으로 만드는 일이다.

두 번째 원고를 끝마치면, 저장하고 한쪽으로 둔다. 가능하다면 하루를 기다렸다가 다시 읽는다. 다시 당신을 최종 독자로 상상한다. 지나치게 복잡한 문장을 찾는다. 불명확한 생각들을 찾는다. 문제점을 다시 수정하고 두 번째 고쳐 쓰기를 한다.

많은 종류의 글쓰기는 두 번 고쳐 쓰기면 충분할 것이다. 그러나 만약 그 글쓰기가 중요하다면, 당신은 더 많은 것을 해야 한다. 이런 글을 쓰려면 편집자의 외부 도움을 받는 것이 가장 좋다. 당신의 편집자는 친구, 가정교사, 심지어 유료 전문가일 수도 있다. 이 사람들이 세 번째 원고를 읽고 조언을 해줄 수 있다. 문제가 있는 어떤 부분은 빠르게 고쳐달라고 그들에게 요청해라.

편집자와 함께 작업하면 당신이 가능한 최고의 글쓰기를 하는 데 도움이 된다. 항상 필요한 것은 아니지만 할 수 있다면 언제나 그들의 고쳐 쓰기 제안을 신중하게 주목한다.

편집자와 몇 번 다시 고쳐 쓴 후에, 당신이 쓴 글들이 출판할 준비가 된다. 출간 전에 당신이 실수할 수 있는 철자 오류를 파악하기 위해 철자 검사를 반드시 해라.


## 연습하기

매일 10분씩 시간적 글쓰기 연습을 해라. 이 시간 동안, 멈추지 않고 가능한 한 빨리 쓴다.

다음 날 전날의 일기장 내용을 다시 읽는다. 빠르게 문제점과 실수를 확인한다. 명확하게 하기 위해 일기장 내용을 고쳐 쓴다. 불필요한 것들을 잘라낸다.

셋째 날, 첫 번째 단계로 돌아가서 또 다른 시간적 글쓰기를 한다. 시간적 글쓰기와 고쳐 쓰기를 번갈아 하면서 이 패턴을 따라서 계속한다.

*chapter*

# 19

# 왜 말하기 연습을
# 하지 말아야 하는가?

한국에서 처음 영어 교사를 하는 동안, 나는 서Seo라고 하는 한국 직원과 함께 일했다. 서 씨는 학교의 영업부서에서 일했다. 그의 일은 아이들을 등록시키기 위해 부모를 설득하는 것이었다. 서 씨는 활기차고 다정한 사람이었다. 그는 또한 자신의 영어 실력을 향상시키기 위해 신경을 썼지만 그다지 좋지는 않았다.

서 씨는 20명 이상의 원어민을 고용한 영어 학교에서 일했기 때문에 그의 계획은 매번 기회가 있을 때 우리와 함께 영어를 '연습'하는 것이었다. 매일 서 씨는 교사 중 한 명을 찾곤 했다. 그가 한 명을 발견할 때마다, 그들을 붙잡고 서투른 영어를 사용해서 그가 할 수 있는 한 아주 많은 대화를 한다. 그는 특히 관용어에 관심이 많았고 대화하는 동안 관용어를 사용하기 위해 많은 노력을 했다.

한국에서 일하는 동안, 나는 여러 번 서 씨에 의해 궁지에 몰렸다. 비록 그가 호감이 가는 사람이었지만, 나는 그와 마주치는 것이 두려웠다. 다른 교사들도 똑같이 느꼈다. 우리는 서 씨를 볼 때마다, 다른 길로 걸어갔다. 아무도 그와 이야기하고 싶어 하지 않았다.

무슨 일이 있었는가? 우리가 못 되게 굴었나? 서 씨가 우리를 무료 영어 교사로 이용하려고 했기 때문에 우리는 서 씨를 피했다. 친구로서 우리와 대화하는 것보다, 그는 우리를 영어 연습 상대로 대했다. 그는 우리에게 그의 실수를 수정해 달라고 요청했다. 그는 우리에게 그가 관용어를 정확하게 사용하는지 확인을 요청했다. 그는 발음 조언도 요청했다. 서 씨와의 대화는 친구로서 대화하는 것보다는 곧 영어 수업을 하는 것처럼 느껴졌다.

우리 원어민들을 단지 연습 기회로만 봄으로써 서 씨는 진정한 우정의 가능성을 죽였다. 우리는 그가 우리를 이용하려 한다고 느꼈다. 그와의 대화는 그의 관심이 진정한 대화라기보다는 오로지 영어라는 언어에 있었기 때문에 부자연스럽고 짜증이 났다.

이런 접근 때문에, 서 씨는 교사 누구와도 결코 친구가 되지 못했다. 아이러니하게도 그가 영어에 집중하지 않고 단지 한 사람의 인간으로서 우리에게 말을 걸었더라면, 그는 쉽게 영어를 말하는 많은 친구들을 사귀었을지도 모른다. 그는 실제 대화를 더 많이 할 기회를 가졌을 것이다.

불행하게도 서 씨는 특별하지 않다. 많은 학습자들은 자신들의 영어를 '연습'하는데 집착한다. 그들의 관심이 연습에 있기 때문에, 이러한 학습자들은 필사적으로 '대화 파트너'를 찾는다. 그러나 대화 파트너들이 실수를 고치거나 영어 조언을 제공해야 한다고 주장함으로써, 이러한 학습자들은 일반적으로 대화를 나누고 싶어 하는 원어민들을 쫓아낸다.

이것이 당신이 원어민들과 영어를 '연습'하려고 해서는 안 되는 이유다. 연습하는 대신에, 단지 진정한 친구가 되는데 집중하라. 영어라는 언어에 집중하지 말고 대화하라. 공통된 관심사에 관해 이야기하라. 질문하고 그들의 대답을 들어라. 감사와 이해를 보여라. 다른 말로 하자면 자신의 모국어를 말하는 친구를 대하는 것처럼 그들을 대하라.

이렇게 하는 최고의 방법 중 하나는 공통된 열정을 공유하는 사람을 만나는 것이다. 예를 들어 만약 당신이 영화를 좋아하면, 영화 애호가들을 위한 온라인 포럼에 참여한다. 좋아하는 영화나 음악가를 위한 국제 팬클럽에 가입한다. 당신과 취미를 함께 하는 다른 사람들과 연결한다.

당신이 이 사람들과 의사소통을 할 때, 당신이 공유하고 싶은 열정에 관해 이야기한다. 결코 그들에게 당신의 영어를 수정해달라고 요청하지 마라. 당신의 영어에 대해서 사과하지도 마라. 영어 조언을 전혀 요구하지도 마라. 그들은 당신의 영어 교사가 아니라 당신의 친구이다. 당신은 그들을 당신의 개인 가정교사로 만들려고 하는 것보다 그들과 대화하는 것으로 훨씬 더 많은 것을 배울 수 있다.

## 에러 수정은 어쨌든 소용이 없다

남부 캘리포니아 대학의 메타 조사 연구에 의하면 오류 수정은 구어체 영어에 전혀 영향을 미치지 않는다고 한다. 다시 말하면 언어적 오류를 수정한 학생들은 개선되지 않았고 수정하지 않은 학생들과 비슷했다. 결론을 내리자면 언어적인 오류 수정은 무의미하다.

사실 그것은 하지 않는 것보다 더 나쁘다. 오류 수정은 당신에게 끊임없이 문법을 생각하게 강요해서 해를 끼친다. 당신의 생각을 전달하는데 집중하는 대신에, 언어 그 자체에 끊임없이 집중한다. 그렇게 하는 것은 보통 더 많은 불안으로 이어지는데, 우리는 이것이 당신의 학습을 늦추고 당신의 성과를 해친다는 것을 알고 있다. 이것이 바로 당신이 교사나 친구에게 당신의 구어체 영어를 수정해 달라고 절대 요구해서는 안 되는 이유이다. 그것은 그들의 시간과 당신의 시간을 낭비하는 것이다. 오류 수정은 서 씨가 한국에서 학교 교사들을 성가시게 했던 것처럼 원어민과의 관계에 해가 되고 그들을 떠나게 만들 수 있다.

이러한 사실은 많은 학습자들에게 여전히 받아들여지기 어렵다. 그러나 그 연구 결과는 분명하다. 당신의 구어체 오류를 수정해도 아무런 이득도 얻지 못한다(쓰기는 의식적이고 기술적으로 행해질 수 있는 느린 과정이기 때문에 다르다는 것에 주목한다). 그래서 오류 수정을 요청하기보다는, 다른 사람들에게 오류를 수정하지 않도록 요청한다. 만약 영어 수업을 위해 대화 상대에게 돈을 지불한다면, 그들에게 당신의 실수를 수정하지 말라고 요청한다. 만약 그들이 오류를 발견한다면 그들에게 올바른 영어를 사용하여 그 생각을 단순히 다시 말해달라고 요청한다. 당신의 생각을 올바르게 다시 들으면 영어에 대해 의식적으로 생각하지 않고도 직관적으로 향상시키는 법을 배울 수 있다.

## 말하는 시간 대부분을 들어라

대화를 생각할 때, 대부분의 학습자들은 말하기에 집중한다. 그들은 정확하게 말하는 것을 걱정한다. 그들은 적절한 단어를 기억하는 것을 걱정한다. 그들은 실수하는 것을 두려워한다. 나의 경험상, 대부분의 영어 학습자들은 그들의 에너지 90%를 말하는 것에 집중한다.

그러나 실제 대화의 진정한 힘은 말하기가 아니라 듣기에서 나온다. 그것에 대해 생각해 보자. 당신이 원어민과 이야기할 때 당신은 엄청난 기회를 가진다. 왜냐하면 원어민이기 때문에, 그들은 자동적으로 진짜 구어체 영어를 위한 가장 좋은 자료이다. 그들은 자연스럽게 사용 빈도가 높은 구절, 숙어, 속어와 문법을 사용할 것이다.

만약 원어민과 대화하는 동안, 당신이 대부분의 시간을 말하기에 보냈다면 당신은 중요한 기회를 놓쳐왔다. 원어민과 대화할 때 정확히 얼마나 배우고 있는가? 약간의 연습을 할 수는 있지만 새로운 것은 배우지 못할 것이다.

반대로 당신이 원어민 말을 들을 때, 당신은 많은 것을 배울 수 있다. 당신은 진짜 원어민 발음을 듣게 된다. 당신은 자연스러운 구절을 배우게 된다. 당신은 새로운 단어를 배우게 된다. 당신은 관용어와 속어를 배우게 된다. 사실 영어 대화를 하는 것 대부분의 이점은 여러분이 듣고 있을 때 일어난다.

이것은 좋은 소식이다. 왜냐하면 대부분의 사람들은 이야기하는 것을 좋아한다. 당신은 원어민과 이야기하는 것에 대해 스트레스를 느낄 필요가 없다. 왜냐하면 그것은 매우 쉽기 때문이다. 당신이 해야 할 일은 그들에게 많은 질문을 하는 것이다. 그들의 삶에 관해 묻는다. 그들의 직업 혹은 학교에 관해 묻는다. 그들의 가족에 관해 묻는다. 그들의 취미와 관심사에 관해 묻는다. 그들의 과거 경험에 관해 묻는다.

그리고 듣는다. 주의 깊게 듣는다. 그들이 말할 때, 그들의 눈과 나머지 얼굴을 본다. 가능한 한 잘 이해하도록 노력한다. 만약 당신이 어떤 것을 이해하지 못했다면 자세한 설명을 위해 더 많은 질문을 한다.

당신의 목표가 말하는 것보다 듣는 것일 때, 당신은 영어를 더 많이 배울 것이고 또한 더 좋은 친구가 될 수 있다. 모든 사람은 좋은 청취자를 좋아한다. 당신에게 더욱 큰 이점은 당신이 긴장을 풀수 있다는 점이다. 당신은 말하는데 압박을 느낄 필요가 없다. 몇 가지 간단한 질문을 통해 원하는 모든 대화를 나눌 수 있다.

## 미니 스토리 다시 말하기

우리는 자연스러운 대화 상황과 이에 접근하는 방법에 대해 논의했다. 이번 마지막 섹션에서 나는 말하기를 연습하는 방법과 발음을 향상하는 법을 가르쳐 줄 생각이다. 비록 당신이 항상 대부분의 시간을 듣는데 보낼 것이지만, 고급 학습자들은 매일 약간의 말하기 연습을 통해 혜택을 받을 수 있다.

말하기 연습은 이미 쉽게 말하고 있는 고급 학습자들에게만 권장된다. 그 시점에서, 당신은 발음과 속도를 연습할 준비가 된다.

말하기를 연습하는 가장 쉬운 방법 중 하나는 미니 스토리를 다시 말하는 것이다. 이름에서 의미하듯이 일곱 번째 법칙에서 언급한 동일한 미니 스토리를 사용한다. '듣고 대답하는 미니 스토리Listen and answer mini stories'이다. 당신은 매일 그 스토리를 계속 듣고 계속해서 질문에 대답을 한다.

그러고 나서 다음 단계를 추가할 것이다. 스토리 듣기를 끝마친 후에, 오디오를 끈다. 거울 앞에 선다. 뛰어오르고 소리치고 웃는 등 최고조의 감정 상태에 빠져라. 열정을 북돋워라!

기분이 좋아졌을 때, 방금 들은 미니 스토리를 다시 말한다. 그 스토리를 정확히 글자 그대로 말하려고 하지 마라. 글자 그대로 스토리를 기억하려고도 하지 마라. 오히려 가능한 한 빠르게, 당신 자신의 말을 사용해서 그 스토리를 다시 말해라. 심지어 당신이 원한다면 그 스토리를 바꿀 수 있다.

가장 중요한 점은 이것을 빨리 하는 것이다. 속도를 내기 위해 노력하라! 크고 에너지 있는 목소리로, 거울 앞에 있는 당신 자신에게 스토리를 말하라. 이것은 단지 몇 분밖에 걸리지 않는다. 끝마쳤을 때, 짧게 휴식을 가지고 그 단계를 다시 반복한다. 다음번에는 훨씬 더 빠르게 그 스토리를 다시 말하려고 노력한다.

빠르게 다시 말하기를 하는 목적은 논리적인(그리고 느린) 좌뇌를 우회하기 위해서이다. 빠르게 말함으로써, 당신은 더욱더 자연스럽게 그리고 더욱더 직관적으로 말하게 된다. 이것을 매일 함으로써, 당신의 유창성은 증가한다. 당신은 힘들이지 않고 빠르게 말한다. 영어는 점점 더 쉽게 흘러나온다. 이 시점이, 당신이 마지막 단계인 발음을 준비할 때이다.

## 발음 다시 말하기

책의 앞부분에서, 나는 영화 기법을 설명하고 발음을 향상하기 위해 사용하는 방법을 가르쳤다. 당신은 미니 스토리 다시 말하기에서도 비슷한 기법을 사용할 수 있다.

먼저 이전 부분에서의 단계를 반복한다. 스토리를 빠르게 몇 번 다시 말해본다. 당신이 그것을 쉽게 할 수 있을 때, 발음을 연습할 때이다.

미니 스토리에서 한 문장을 재생한다. 그러고 나서 오디오를 멈춘다. 이 문장을 재생할 때, 매우 주의 깊게 듣는다. 특히 리듬과 강세에 집중한다. 화자가 멈출 때 주목한다. 화자의 목소리가 올라가고 내려갈 때 주목한다. 목소리가 커지거나 약해질 때 주목한다.

그러고 나서 같은 문장을 말하고 화자의 목소리를 정확하게 복사한다. 다시 말하지만, 당신이 이 화자를 정확히 모방하려고 노력하는 배우라고 상상한다. 그들의 목소리를 흉내 낸다. 그들의 감정을 흉내 낸다. 심지어 화자가 하는 것처럼 얼굴 표정과 몸짓도 흉내 낸다. 당신이 말할 때 이 사람이 되도록 노력한다.

그런 후에 다음 문장을 재생하고 멈추고, 과정을 되풀이한다.

이런 식으로 미니 스토리 전체를 살펴본다. 반드시 질문과 대답 둘 다 흉내 내도록 한다.

물론 당신이 좋아하는 화자를 선택하는 게 가장 좋다.

이번 챕터의 방법을 사용하여 당신의 말하기를 고급, 거의 원어민 수준으로 가져갈 것이다.

*chapter*

# 20
# 영어는 국제적인
# 비즈니스 언어이다

몇 년 전에 나는 사업 제안서를 검토 중이었다. 우리 회사 웹사이트에 새로운 그래픽이 필요했기 때문에 나는 국제적인 프리랜서 포럼에 일자리를 게시했다. 우리의 채용 공고에 20개 이상의 응답을 받았다. 각각의 게시물에는 우리 프로젝트에 대한 입찰이 들어 있었다.

입찰서를 검토할 때, 그래픽 아티스트들의 국적을 주목했다. 아르헨티나 사람도 있었다. 헝가리 예술가도 있었다. 일본인 입찰자도 있었다. 독일 사람과 말레이시아 사람도 있었다. 미국과 캐나다인 몇 명도 있었다.

내가 그들을 살펴보았을 때 나는 세계화의 이 분명한 사례에 놀랐다. 이 사람들은 모두 온라인 국제 시장에 참여하고 있었다. 그러고 나서 나는 명확히 깨달았다. 그들은 그렇게 하기 위해서 모두 영어를 사용하고 있었다. 모든 입찰서는 영어로 쓰인다. 그러므로 이 예술가 각자는 그들의 예술적인 능력뿐만 아니라, 그들의 강점을 영어로 소통하는 능력도 경쟁 중이다.

분명히 영어는 비즈니스의 국제 언어이다. 이런 이유로 세계 각지의 학교들이 영어 수업을 제공하는 것이다. 영어 능력은 그것을 가진 모든 사람들에게 경쟁에서 우위를 제공한다. 영어는 세계를 기업과 프리랜서 예술가들에게 동등하게 오픈한다. 영어의 부족은 기회를 닫고 세계 경제에서 당신을 불리하게 만든다.

이것은 명백한 사실이다. 영어가 당신에게 유쾌하든 아니든, 명확한 사실은 영어가 세계 경제에서 점점 더 중요해지고 있다는 점이다. 더욱더 많은 나라에서 더욱더 많은 직업이 능숙한 구어체 영어를 요구한다.

일본 기업 라쿠텐과 같은 몇몇 기업들은 영어를 그들의 공식 언어로 만들었다. 라쿠텐의 설립자이자 CEO인 히로시 미키타니 Hiro-shi Mikitani는 웹 상거래 회사를 위해 영어 전용 정책을 만들었다. 미키타니는 "일본 기업들이 세계적으로 경쟁하는 것을 막는 것 중 하나는 그들이 해외 경쟁을 완전히 파악하지 못하게 하는 언어 장벽이다."라고 말했다. 그는 또한 영어 능력의 부족은 일본 기업들이 세계적인 인재를 추구하고 비일본계 직원을 채용하는 것을 제한한다고 말했다.

새로운 정책과 함께 모든 직원들은 회의, 프레젠테이션, 이메일, 제안서 그리고 다른 문서를 포함해서 회사 소통에 영어를 사용해야 한다. 회사는 직원들이 자발적으로 영어를 배우는데 적극 나설 것으로 기대하고 있다.

이것이 일본의 발전 트렌드이며 많은 국제적인 회사들이 영어에 대한 요구사항을 강화하고 있다. 라쿠텐과 같이 대부분 영어 전용 정책을 시행하고 있다. 이러한 트렌드가 증가하면서 비즈니스 영어에 대한 수요가 증가하고 있다.

점점 더 비즈니스 세계에서 영어로부터 쉽게 벗어날 수 있는 방법은 없다.


## 비즈니스 영어도 역시 같은 영어다

비즈니스 영어는 경제적인 기회를 열어준다. 이 때문에 다양한 비즈니스 영어 수업, 학교, 교과서, 강의들이 수요를 충족시키기 위해 나왔다. 놀랄 것도 없이, 이들 대부분은 비즈니스 영어를 가르치기 위해 일반적인 영어를 가르치던 것과 같은 오래된 방법을 사용한다.

그러나 비즈니스 영어는 별도로 분리된 영어가 아니다. 행복한 사실은 비즈니스 상황에서 사용되는 대부분의 영어는 다른 상황에서 일반적으로 사용되는 것과 같은 영어이다. 비즈니스에서 당신은 같은 공통 어휘, 같은 공통 관용어, 같은 문법을 발견할 것이다.

비즈니스 영어의 주요 추가사항은 특정 비즈니스 주제와 관련된 어휘일 뿐이다. 이 어휘는 두 가지 범주로 나누어진다. 일반적인 비즈니스 용어와 특화된 전문용어이다.

일반적인 비즈니스 용어는 비즈니스 세계에서 사용되는 것이다. 이것들은 회의, 제안 그리고 프레젠테이션에서 자주 사용되는 흔한 구절이다. 이것들은 당신이 이미 사용 중인 '노력이 필요 없는 영어' 방법을 사용해서 배우기 매우 쉽다.

## 비즈니스 영어를 배우는 쉬운 방법

비즈니스 영어를 배우는 것은 단순히 비즈니스 주제와 관련된 실제 자료를 선택하는 문제일 뿐이다. 다시 말해 당신은 정확히 같은 '노력이 필요 없는 영어' 방법을 사용한다.

먼저 당신은 연료인 심리에 집중한다. 당신의 제한된 믿음을 바꾼다. 당신 자신을 최고조의 감정 상태에 둔다. 그리고 나서 당신은 7가지 법칙을 사용한다. 당신의 시간 대부분을 듣는데 보낸다. 당신은 깊게 배운다. 문법책과 교과서를 피한다. 비즈니스 영어 어휘를 사용하는 비즈니스 주제와 관련한 스토리를 선택해서 미니 스토리와 시점 이야기를 듣는다.

추가 청취를 위해 비즈니스 팟캐스트, 비즈니스 뉴스캐스트, 비즈니스 오디오북과 같은 실제 비즈니스 영어 자료를 듣는다. 가능하면 텍스트와 오디오 버전을 둘 다 구해라. 동시에 읽고 듣는다.

당신이 일반 영어에서 했듯이, 당신에게 흥미로운 자료를 선택한다. 만약 당신이 판매원이면 판매와 관련된 자료를 선택한다. 만약 당신의 영역이 금융이라면, 금융과 관련된 오디오와 텍스트에 집중한다.

당신이 특별히 할 것은 없다. 단지 비즈니스 자료를 사용해서 같은 '노력이 필요 없는 영어' 시스템을 따르면 된다.

## 전문용어 마지막에 배우기

비즈니스의 어떤 분야는 많은 수의 특화된 단어를 가진다. 이 특화된 어휘는 '전문용어jargon'라고 부른다. 예를 들어 회계사는 그들의 일에서 널리 사용되는 많은 수의 회계 용어를 가진다. 이 특화된 어휘는 회계사들에게는 필수적이다.

필요할 때, 전문용어는 당신이 배워야 할 비즈니스 영어의 최종 타입이다. 전문용어를 배우기 전에 당신은 처음 일반적인 비즈니스 영어에 집중해야 한다. 실제 비즈니스 내용을 듣고 읽음으로써 가장 공통적인 비즈니스 구절을 숙달한다. 이렇게 한 후에야 전문용어에 신경을 쓸 수 있다.

물론 일반적인 비즈니스 영어를 배운 것처럼 정확히 같은 방법으로 당신 분야의 전문용어를 배울 것이다. 준비가 되었을 때, 단지 당신이 듣고 싶고 읽고 싶은 자료로 바꾼다. 당신 분야와 특별히 관련된 실제 자료를 수집한다.

유용한 자료를 선택한다. 영어에 집중하기보다는 영어 자료에서 당신의 분야에 대해 더 많이 배우는 것에 집중한다. 이러한 자료를 사용하여 지식과 기술을 개발하면 비즈니스 영어도 동시에 자동으로 향상되게 된다.

*chapter*

# 21
# 강력한
# 영어 발표를 하는 방법

나는 무대 옆에 서서 서른 명의 사람들에게 첫 번째 공개 연설을 하기 위해 기다리고 있었다. 심장은 빠르게 뛰고 있었다. 호흡은 답답하고 얕았다. 몸 전체는 초조했다. 나는 손을 보았고 흔들리고 있었다. 흔들리는 것을 억제해 보려고 시도했지만 실패했다. 나는 속으로 생각했다.

"모든 것을 잊어버리고 얼어 버리면 어쩌지?"

그때 나는 내 이름이 청중들에게 소개되고 있는 것을 들었다. 나는 무대 쪽으로 걸어갔다. 청중들은 박수를 보냈지만 나는 그것을 들을 수 없었다. 나는 고개를 들어 좁은 시야tunnel vision로 그들을 바라보았다. 나의 시야는 좁았고 주변 시야는 검게 변했다.

말하기 시작했을 때, 나의 목구멍이 조여지는 것을 느꼈다. 나의 목소리는 높았다가 낮았다가 이상하게 들렸다. 나는 방 뒤쪽 벽에 시선을 고정하고 재빨리 프레젠테이션을 시작했다. 나의 유일한 목표는 가능한 한 빨리 끝마치고 무대를 내려가는 것이었다. 연설은 3분밖에 안 걸렸지만, 몇 시간처럼 느껴졌다.

끝마쳤을 때, 나는 재빨리 무대에서 뛰어내려 자리에 앉았다. 나의 손은 여전히 감당하기 어렵게 떨고 있었다.

대중 연설만큼 무서운 활동은 거의 없다. 연설은 거의 모든 사람들이 가장 두렵고 스트레스를 많이 받는 삶의 경험 중 하나로 지속적으로 순위가 매겨진다. 이 신경을 건드리는 경험은 영어가 당신의 모국어가 아닐 때 훨씬 더 어려워진다.

당신이 두려움을 느낄 때, 정신과 신체적인 반응 둘 다 느낀다. 특별히 다루기 어려운 것은 신체적 반응이다. 무서워할 때, 당신의 몸은 아드레날린 반응을 만들어낸다. 부신adrenal gland은 아드레날린을 혈액으로 방출하여 '싸울 것인가fight 혹은 도망갈 것인가flight'를 준비한다.

아드레날린에 대한 신체적 반응은 상당히 일관적이고 예측 가능하며 땀 흘림, 심장 박동 증가, 얕고 빠른 호흡, 근육 긴장, 떨림, 배탈, 좁은 시야 확보 및 미세 근육 제어 상실 등이 있다.

아드레날린은 또한 정신적인 변화도 일으킨다. 당신의 시간 감각이 변한다. 대부분의 사람들은 시간의 '느려짐'을 경험하는 반면 어떤 사람들은 '시간의 빨라짐'을 경험한다. 발표자들에게 무엇보다 나쁜 건 아드레날린이 높은 두뇌 활동을 느리게 만든다는 사실이다. 뇌 활동은 더 원시적이고 감정적인 부분으로 옮겨간다. 이것이 바로 당신이 한 사람에게는 완벽하게 잘 말할 수 있지만, 그룹 앞에서 말할 때 심하게 힘겨워하는 이유이다. 당신의 뇌도 잘 동작하지 않는다.

분명히 대중 연설의 큰 도전은 이 두려운 반응을 극복하는데 있다.

## 심리가 성공의 80%이다

나는 옆방에서 3천 명의 군중의 소리를 들을 수 있었다. 큰 록 음악이 행사장에 울려퍼졌다. 행사 주최자가 나의 소개를 시작하자 열기가 커졌다.

무대 뒤에서, 흥분이 고조되었다. 나는 뛰고 외치고 미소 지었다. 나는 나 자신에게 외쳤다. "나는 이곳에 기여하기 위해 왔다! 나는 오늘 이 청중들을 돕기 위해 나의 모든 에너지와 능력을 줄 것이다. 시작할 준비가 이제 되었어! 좋아! 좋아! 좋아!"

나는 문으로 걸어갔고 청중들을 보기 위해 그 문을 엿보았다. 그들은 일어서서 박수를 보내고 있었다. 그리고 그들은 나의 이름을 부르기 시작했다. "A.J. 호그! A.J. 호그! A.J. 호그!" 온몸에 힘이

솟았다. 나는 점프해서 무대 위에 달려갔다. 청중들은 내 이름을 계속해서 외쳤다.

3천 명의 청중들을 맞이하고 서 있을 때, 나는 두려움이 사라진 것을 느꼈다. 호흡이 깊었고, 몸도 편안했다. 두려움 대신에 나는 엄청난 열정을 느꼈다. 초조함 대신에 나는 간절함을 느꼈다.

나의 대중 연설의 경험은 완전히 변했다. 큰 연설 전에 나는 이제 자신감, 흥분, 열정이 믿을 수 없을 정도로 뒤섞인 힘찬 기분을 느낀다.

어떻게 내가 그렇게 극적인 변화를 만들었을까? 나는 몇 가지 간단한 기법을 사용해서 수백 번 연습했다.

좋은 소식은 내가 했던 것을 당신도 할 수 있다는 사실이다. 영어 발표에 대한 두려움이 아무리 커도 간단한 기법을 연습함으로써 대중연설을 할 때마다 강하고 자신감을 갖도록 훈련할 수 있다.

강하고 자신감 있는 느낌은 대중 연설 성공의 80% 이상이다. 당신은 이미 말하는 방법을 안다. 일단 당신이 대중 연설의 두려움을 극복하면 당신은 훌륭한 영어 발표를 하는데 어떤 어려움도 가지지 않게 된다.


## 자신감은 반드시 훈련되어야 한다

자신감은 우연히 발생하지 않는다. 대중연설의 두려움을 극복하기 위해서 당신은 반드시 매우 높은 단계의 감정적인 숙달을 개발해야 한다. 그렇게 하는 것은 연습과 훈련이 요구된다. 훌륭한 발표자들은 끊임없이 훈련한다.

당신은 대중 연설에 필요한 감정적인 숙달을 달성하기 위하여 매우 기본적인 기법을 사용할 것이다. 이 기법은 자연스러운 공포 반응을 극복하고 자신감으로 대체하기 위해 고안되었다.

이 기법이 성공하기 위해서 당신은 연설하기 전에 수없이 연습해야 한다. 이상적으로 무대에 오르기 전에 이 기법을 수백 번 반복한다. 당신이 하는 모든 연설 전에 이것을 한다.

## 두려움은 억제할 수 없고 단지 변형시킬 수 있다

아드레날린 반응은 강력하다. 일단 시작이 되면, 거의 진압하기가 불가능하다. 그것과 싸울 수 없다. 사실 두려움을 억제하려는 시도는 그것을 더 악화시킬 수 있다.

예를 들어 만약 연설을 하기 전에 당신의 손이 떨린다면, 그것을 멈추기는 거의 불가능하다. 빠른 심장 박동, 얕은 호흡, 근육 긴장도 마찬가지이다. 일단 이런 반응이 시작되면, 그것들과 싸울 수 없다. 아드레날린은 이미 혈액 속에 있고 당신의 몸은 반응한다. 만약 아드레날린 반응에 대항하여 싸우고자 한다면, 당신은 그것들을 바꿀 수 없는 것에 좌절하게 된다. 당신이 통제하지 못한다는 것을 깨닫는 순간 두려움이 커지고 그 증상은 나빠진다.

일단 아드레날린 반응이 시작되면, 그 에너지를 긍정적인 것으로 전환시키는 선택은 단 한 가지뿐이다. 아드레날린의 목적을 기억하라. 그것은 도피 아니면 싸움을 준비한다. 이것은 당신이 동일한 두려움/도피 반응을 용기와 투지로 대체하여 사용할 수 있다는 것을 의미한다. 이것이 내가 대중 연설에 대한 두려움을 변화시킨 방법이다.

저항하는 대신 그 에너지를 사용함으로써 역동적이고 자신감 있는 연설가로 변신한다. 두려움과 신나는 흥분의 신체적인 반응은 거의 동일하다. 당신이 흥분될 때 심장박동수가 증가하고, 숨도 빨라지며 그리고 근육 이완도 증가한다. 극도로 흥분될 때 당신은 땀을 흘리고 손이 떨릴 수도 있다. 다시 말해 당신의 몸은 똑같이 반응한다. 그렇다면 극도의 두려움과 극도의 흥분 사이의 차이점은 무엇일까?

두려움인지 흥분인지를 경험하도록 결정하는 것은 신체적인 반응에 붙어 있는 생각과 감정이다. 긍정적인 경험들을 신체적 감각에 연결할수록, 당신은 두려워하기보다는 흥분하고 힘이 넘치도록 스스로를 훈련시킬 것이다.

## 두려움을 강력함으로 전환하는 방법

우리는 대중 연설의 자신감을 얻기 위해 뇌를 프로그래밍하고 자 다시 한번 앵커링(연결, anchoring) 기술로 돌아갈 것이다.

첫 번째 단계는 당신이 할 수 있는 최대한 두려움의 신체적 감 각을 재현하는 일이다. 당신의 심장이 더욱더 빨리 뛰기를 원한다. 호흡이 증가하기를 원한다. 근육이 단단히 조여지기를 원한다. 이 렇게 하기 가장 쉬운 방법은 이 책 시작할 때 배웠던 최고 정점 연 습을 사용하는 것이다.

당신이 가장 좋아하는 시끄럽고 에너지 넘치는 음악을 튼다. 음 악을 들을 때, 점프를 시작하고 몸을 움직인다. 점차적으로 더욱더 높게 뛰고 더욱더 빠르게 점프한다. 얼굴에 큰 미소를 짓는다. 팔과 함께 강력한 몸짓을 한다. 크게 소리친다. "Yes 예스! Yes 예스! Yes 예스!" 심장이 빠르게 뛰고 숨을 크게 쉴 때까지 계속한다.

음악을 끄고, 여전히 숨을 크게 쉬면서 당신의 주제에 관해 이 야기하기 시작한다. 주요 아이디어에 관해서 이야기한다. 만약 이 미 연설을 계획했다면 모든 것을 한다. 말을 할 때, 몸을 움직인다. 방의 한 지점에서 다른 쪽으로 걷는다. 당신의 주장을 밝히기 위해 강한 몸짓을 사용한다. 계속해서 웃는다.

처음에는 당신이 숨이 차서 이 일이 어려울지도 모른다. 심장이 빠르게 뛰게 될 것이고 당신의 연설을 생각하기 어려울 수도 있다.

괜찮다. 계속해서 웃고 당신이 할 수 있는 최선을 다해라. 모든 과정을 끝마쳤을 때, 음악을 다시 켜고 전체 과정을 반복한다.

이 연습을 적어도 하루에 4번씩 반복한다. 매일, 연설을 연습하기 전에 심장이 더 빨리 뛰도록 노력한다.

이 연습은 여러 가지를 성취한다. 첫째, 긍정적인 연결을 만든다. 당신이 좋아하는 음악을 틀고 점프하고 재미있게 놀면 강한 긍정적인 감정을 만들어낸다. 기분이 좋아지면, 당신은 연설을 시작한다. 반복을 통해서 이 좋은 감정들은 연설하는 행위와 연결된다. 결국 발표하는 것에 대해 생각하는 것만으로도 자동으로 흥분할 것이다.

이 연습은 또한 당신이 빠른 심장 박동, 빠른 호흡, 땀 등 긴장감의 주요 증상을 다루도록 훈련시킨다. 대부분의 사람은 평온할 때 연설을 연습한다. 그들은 항상 고요한 감정 상태에서 연습하기 때문에 실제 연설 직전에 오는 감정의 홍수에 대비하지 못한다. 심장과 호흡수를 높이고 연습함으로써, 당신은 이러한 반응을 예상하고 처리하도록 마음을 훈련시킨다. 연설 당일, 이런 증상들이 정상적이고 친숙하기에 겁먹지 않게 된다. 대신 당신은 이 신체적인 에너지를 긍정적인 감정과 강한 행동으로 전환시키는 데 익숙해져야 한다.

이것이 훈련과 연습의 차이점이다. 연습하는 사람들은 단순히 그들의 연설을 검토한다. 하지만 훈련하는 사람들은 실제 연설 중에 일어날 감정적, 신체적 조건들을 재현하기 위해 최선을 다한다. 훈련을 통해 당신은 자신을 충분히 준비하고 무엇이든 할 수 있다.

## 매일 감정 숙달 기법을 연습하라

최고 정점 훈련은 시간이 걸린다. 이것을 단지 몇 번 하는 것으로 충분하지 않다. 이상적으로 당신이 하는 모든 연설에 앞서 이 훈련을 수백 번 하도록 하라. 준비와 훈련은 당신을 훌륭한 연설자로 만든다.

대중 연설의 두려움을 개선하고 숙달하기 위해서는 매일 연습해야 한다. 쉽지는 않지만 매우 보람이 있다. 대중 연설에 통달하면 많은 기회들이 열리게 된다. 당신이 청중들에게 말할 때, 당신은 한 번에 수십, 수백, 심지어 수천 명의 사람들에게 도달할 수 있다. 당신의 영향력은 증가한다. 영향력이 커질수록, 경력도 커져 간다.

# EFFORTLESS
# ENGLISH

# 국제적인
# 영어 커뮤니티와
# 코칭 시스템

*chapter*

# 22
# 영어는 당신을
# 세상과 연결시켜 준다

왜 영어를 공부하는지
생각해 보자. 다른 사람들과 의사소통하거나 연결하는 것과 관련이
있다. 영어 대화는 연결에 관한 것이다. 전 세계 사람들과 연결하는
것, 그것이 영어 대화의 목적이다. 우리는 개인적이고 감정적으로
연결되기를 원한다. 우리는 비즈니스 파트너, 의뢰인 그리고 고객
들과 연결되기를 원한다. 우리는 전문적인 동료와 연결되기를 원한
다. 우리는 새로운 친구와 연결되기를 원한다.

간단히 말해서 당신은 영어를 사용할 커뮤니티가 필요하다. 학
습자로서 연습하고 개선하기 위해 다른 영어 학습자들의 커뮤니티
에 가입하는 것은 특히 유용하다. 하지만 당신이 가입하는 커뮤니

티의 종류는 매우 중요하다.

'동료 집단'은 당신의 궁극적인 성공에 강한 영향을 미친다. '동료 그룹peer group'은 간단히 다른 사람과 서로 연결된 그룹이다. 당신의 친구들이 동료 그룹이다. 당신 가족도 또 다른 동료 그룹이다. 만약 당신이 학교에서 영어 수업에 참석한다면, 당신의 급우들이 동료 그룹이다. 당신이 영어 학습자들을 위한 온라인 커뮤니티에 가입하면, 그들이 당신의 동료 그룹이 된다.

동료 집단은 집단으로서 특정 가치와 행동을 공유하고 촉진하기 때문에 구성원에게 영향을 미친다. 그룹 전체에는 특정 표준이 있으며 그룹의 모든 구성원은 해당 표준을 향해 나아간다. 이 그룹 효과는 강렬한 긍정 또는 부정의 결과를 낳을 수 있다.

부정적인 동료 그룹은 일반적으로 낮은 표준을 가진 그룹이다. 이 그룹들은 일반적으로 빈번한 비판, 오류, 불평, 심지어 회원들 사이의 모욕에 초점을 맞춘다는 특징이 있다. 그런 그룹은 회원들을 끌어내려서 그들의 성공을 좌절시키고 방해하는 경향이 있다. 슬프게도 그러한 집단들은 특히 학교와 온라인에서 흔하다. 가장 흔한 두 가지 영어 학습 환경이다.

당신은 당신을 끌어올려 줄 동료 그룹을 원한다. 당신은 당신을 격려하고 긍정적인 생각을 하게 하고, 흥미와 즐거움을 주는 그룹에 참여하고 싶어 한다. 당신은 당신이 힘들 때 격려해 주고 당신이 성공했을 때 축하해 줄 그룹을 원한다.

동료 그룹은 긍정적upward이거나 부정적downward인 형태일 수 있다. 공유된 상호작용, 표준 그리고 가치를 통해서 당신에게 점점 더 많은 영향을 미친다. 유해한 동료 집단에 참여하는 것은 당신이 아무리 강해도 결국 당신 자신감을 약화시키게 할 수 있다. 긍정적인 측면에서 영감을 주는 동료 집단은 비록 지금 희망이 없게 느껴져도 당신이 개선되고 성장하고 엄청난 성공을 이룰 수 있도록 힘을 실어준다.

주의 깊게 선택해라. 수업이나 온라인 영어 커뮤니티를 고려할 때, 철저히 조사해라. 멤버들이 서로 어떻게 상호 작용하는지 알아본다. 회원이 성공했을 때 그들은 축하를 하는지 혹은 다른 회원들이 질투하여 험담하는지, 커뮤니티 회원이 어려움을 겪을 때 다른 멤버들이 그들을 격려하고 돕기 위해 뛰어드는지 아니면 무시하는지…….

명백해 보이지만, 많은 학생들은 자신이 배우고 있는 궁극적인 이유를 잊어버린다. 전통적인 영어 회화 수업에서는 시험, 교과서, 성적 그리고 '수준'에 너무 집중하기 쉽다. 얼마 후, 학생으로서 당신은 이러한 인위적인 측정에 대해 너무 걱정하여 공부의 궁극적인 목적을 잊어버린다.

가장 깊은 수준에서 영어 회화는 국제적인 커뮤니티를 형성하고 사람들 사이의 의미 있는 연결을 유지하게 만든다. 당신의 영어 말하기 커뮤니티에서는 어떤 종류의 사람들을 원하는가?

나의 지속적인 목표 중 하나는 강력한 국제 커뮤니티를 만드는 방법으로 우리의 세미나, 강좌, 온라인 그룹을 사용하는 것이다. 나는 사람들이 긍정적이고 의미 있는 방법으로 연결되고 의사소통할 수 있도록 돕고 싶다. 그리고 그들이 계속 연결되도록 돕고 싶다. 당신이 이것을 할 수 있는 한 가지 방법은 우리의 멤버 포럼과 커뮤니티 클럽을 통해서이다. 그곳은 당신이 대화할 수 있고 당신과 같이 영어를 배우는 다른 학생들이 질문을 할 수 있도록 고안되었다.

나는 또한 당신이 왜 영어를 공부하는지 항상 명심하길 바란다. 성적, 시험, 실수에 대한 걱정이나 다른 사람들에게 어떻게 들릴지 걱정하는 것은 잊어버려라. 단지 대화하는데 집중을 하고 긍정적인 사람들과 연결하려고 노력해라. 영어 말하기를 좋아하는 열정적인 사람들로 자신을 둘러싸라.

영어에 흥분한 사람들과 더 많이 연결될수록 더 흥분하게 될 가능성이 높다. 열정은 전염된다. 부정적 성향도 그렇다. 당신의 동료 그룹을 현명하게 선택하라.

 ## 커뮤니티는 중요하다

어떤 것을 배울 때, 특히 영어를 배울 때, 다른 열정적인 학습자들의 모임인 커뮤니티를 가지는 것은 중요하다. 이것이 바로 사람들이 학교의 방법이 형편없다는 것을 알면서도 계속 학교에 가는 이유다. 사람들은 커뮤니티를 원한다. 그들은 다른 사람들과 함께하기를 원한다. 그들은 좋은 커뮤니티가 제공하는 동기부여, 지원 그리고 영감을 원한다.

이것이 바로 우리 웹사이트가 '노력이 필요 없는 영어 클럽EffortlessEnglishClub. com'이라고 불리는 이유이다. '노력이 필요 없는 영어'는 훌륭한 과정 이상이다. 이것은 또한 가장 긍정적이고 열정적인 학습자들의 커뮤니티이다. 사실 우리는 우리 커뮤니티의 멤버 자격에 대해 매우 신중하다. 우리는 매우 긍정적이고 열정적인 영어 학습자 중에서 가장 동기부여가 되는 영어 학습자들만 받아들인다.

우리는 우리 클럽을 꽤 면밀히 감시하고 보통 인터넷 커뮤니티에서 볼 수 있는 부정적, 모욕적, 유치한 행동에 대해 전혀 관용을 가지고 있지 않다. 예를 들어 대부분의 인터넷 포럼에서 당신은 엄청난 양의 모욕과 논쟁을 발견한다. 우리는 그런 것을 용납하지 않는다. 그런 멤버들은 재빨리 그리고 단호하게 클럽에서 제외되고 결코 재가입이 허용되지 않는다.

그렇다. 이것은 거친 정책이다. 그러나 필요하다. 온라인에서 훌륭한 국제 학습 클럽을 만드는 것은 어려울 수 있다. 그리고 나는 모든 사람을 받아들이고 관대하게 하는 것에 관심이 없다는 것을 인정한다. 나의 목표는 오로지 가장 긍정적인 학습자들의 국제적인 영어 학습 클럽을 만드는 일이다. 나는 세상에서 가장 열정적이고 가장 힘이 되고 가장 친근하고 가장 활기찬 멤버를 원한다. 그리고 그것이 바로 우리가 가지고 있는 것이다.

'노력이 필요 없는 영어 클럽'의 멤버들은 정말 놀랍다. 열정과 친밀감의 수준은 엄청나다. 새로운 멤버들은 그렇게 재미있고 힘이 되는 학습 클럽을 발견하게 되어 항상 매우 행복하다. 우리는 여러분의 질문에 답하고 여러분에게 학습 조언을 해주고 여러분이 낙담할 때 여러분을 격려하고 그들의 성공으로 여러분을 고무시킬 많은 슈퍼 멤버들을 가지고 있다.

새로운 VIP 프로그램을 시작했을 때 우리는 그 커뮤니티를 더욱더 강하게 만들었다. 우리에게 VIP는 비전, 영감, 끈기를 의미한다. 가장 헌신적인 멤버들이 매달 만나 나에게서 새로운 수업을 받는 월간 회원 사이트이다. 모든 수업에는 비디오, 오디오, 텍스트가 있기 때문에 당신은 모든 것을 이해할 수 있지만 더 중요한 것은, 그 수업은 세 가지 강력한 주제에 초점을 맞춘다. 고급 학습 전략, 성공 심리학, 긍정 리더십이다.

VIP 멤버 프로그램은 영어뿐만 아니라 일반적인 학습과 성공에도 중점을 둔다. 이곳은 가장 동기부여가 된 학생들(상위 1%)이 만나 함께 배우는 곳이다. 바로 강력한 클럽이자 최고 중의 최고의 커뮤니티이다. 그들은 영어를 시작하는 능력 때문이 아니라 긍정적인 태도, 끈기 그리고 학습에 대한 헌신 때문에 최고다.

chapter
# 23
# 노력이 필요 없는 영어
# 코드와 미션

'노력이 필요 없는 영어'
커뮤니티는 우리의 목적, 코드, 미션, 가치에 의해 함께 이루어진
다. 분명히 우리의 주된 목적은 당신이 강력하고 정확하게 영어를
말할 수 있도록 돕는 일이다. 그러나 우리는 더 깊은 코드, 미션, 가
치를 공유한다.

모든 연령, 성별, 유형의 모든 대륙에서 온 구성원들이 모여 우
리의 긍정적이고 열정적인 커뮤니티를 만든 것은 코드, 사명, 가치
이다. '노력이 필요 없는 영어'의 코드는 우리의 간단한 세 부분의
행동 코드다. 우리 커뮤니티의 모든 멤버들은 가입하자마자 그 코
드를 따르기로 동의한다.

'노력이 필요 없는 영어 클럽'의 코드는 :

1. 우리는 최선을 다한다.
2. 우리는 옳은 것을 한다.
3. 우리는 서로에게 관심을 가진다.

'우리는 최선을 다한다'는 것은 열심히 노력하지만 완벽하다는 것은 불가능하다는 것을 안다는 것을 의미한다. 우리는 완벽함에 대해 걱정하지 않는다. 실수에 대해서도 당황하지 않는다. 우리는 항상 '하나의 정확한 해답'이 아니라 개선에 초점을 맞춘다.

'우리는 옳은 것을 한다'는 것은 우리가 거짓말을 하거나 험담하거나 다른 멤버들을 모욕하지 않는다는 것을 의미한다. 우리는 서로를 좋은 친구이자 가족으로 대한다. 우리는 커뮤니티 내에서 친절하고 공손하게 행동함으로써 서로가 공감할 수 있는 '황금률'을 따른다.

'우리는 서로에게 관심을 가진다'라는 것은 우리가 단지 부정적인 행동을 하지 않는다는 것을 넘어선다는 것을 의미한다. 오히려 우리는 적극적으로 다른 멤버들을 격려하고 지원한다. 다른 멤버가 기분이 안 좋을 때, 우리는 그들을 격려한다. 다른 멤버가 성공했을 때, 우리는 그들을 응원한다. 그들을 축하한다. 그리고 진심으로 그들을 칭찬한다. 우리는 항상 서로를 도와줄 방법을 찾는다.

구어체 영어를 습득하는 것 외에도, 우리 커뮤니티는 더 깊은 미션을 공유한다.

우리의 미션은 :


1. 성장을 위한 새로운 기회 탐험하기
2. 전 세계 사람들에게 자신감, 활력, 행복을 가져다주기
3. 우리가 일전에 결코 가본 적 없는 곳으로 대담하게 가기


성장을 위한 새로운 기회 탐험하기는 우리가 배우고 향상하기 위해 항상 새로운 방법을 찾는 것을 의미한다. 우리는 평생 학습에 전념한다. 우리가 향상될 때, 우리는 우리의 성공을 다른 사람들과 공유한다. 우리는 다른 사람들이 더 강하고 더 활기차고 더 행복하다고 느끼도록 돕는다. 우리는 이것을 '노력이 필요 없는 영어 클럽' 안에서 한다. 우리는 이것을 가족 안에서 한다. 우리가 할 수 있는 모든 곳에서 이것을 한다. 마지막으로 우리는 열린 마음으로 대담하게 살기 위해 노력한다. 우리는 새로운 것을 시도하고, 새로운 아이디어를 생각하고, 새로운 장소로 여행하기를 열망한다. 우리는 삶에 대한 모험적인 태도를 가진다.

미션은 우리의 커뮤니티 가치와 연결된다.

우리는 7가지 가치를 가지고 있다. :

### 1. 미션의 헌신

'노력이 필요 없는 영어' 커뮤니티의 멤버로서 우리는 모두 미션을 공유한다. 그 미션은 팀으로서, 국제적인 가족으로서, 우리가 함께해야 하는 것이다.

### 2. 열정

열정은 삶의 어떤 분야에서든 성공을 위해 필수적이다. 열정은 최고의 감정을 낳고 우리의 학습 엔진에 연료를 공급한다. 우리는 의식적으로 학습과 삶에 대한 열정을 키우는 것을 선택한다.

### 3. 지속적이고 절대 끝나지 않는 향상

우리의 미션이 시사하듯이, 우리는 지속적이고 절대 끝나지 않는 향상에 헌신한다. 우리는 큰 성공이 작지만 일관된 개선의 결과라는 것을 알고 있다. 우리는 배움이 삶을 더 흥미롭고 즐겁게 만든다는 것을 알고 있고 우리는 살아 있는 한 계속 배워 나간다.

### 4. 기여

개인적 성공도 중요하고 그 성공을 공유하는 것도 중요하다. 우리가 향상될 때, 우리는 다른 사람도 같이 되도록 돕는데 초점을 맞춘다. 우리의 커뮤니티에서 다른 사람들의 성공에 기뻐한다. 우리가 할 수 있는 어떤 방법으로든 다른 사람들을 돕기 위해 최선을 다한다.

## 5. 자기 의지

'노력이 필요 없는 영어 클럽'의 멤버들은 독립 학습자들이다. 우리는 교사, 학교, 전문가들이 우리에게 무엇을 해야 하는지 말해 주기를 기다리지 않는다. 우리의 문제를 해결하기 위해 다른 사람들을 기다리지 않는다. 우리는 우리 자신의 삶과 문제에 대한 책임을 진다. 우리는 능동적인 학습자이다.

## 6. 지속성

성공은 지속성 없이는 불가능하다. 어떤 것이 우리에게 중요할 때, 우리는 그만두지 않는다. 어려움에도 불구하고 도전에도 불구하고 일시적인 실패에도 불구하고 우리는 계속 간다. 우리는 목표를 달성할 때까지 계속 앞으로 나아간다.

## 7. 긍정 리더십

우리 각자가 다른 사람들을 격려하고 고무시킬 수 있기 때문에 '노력이 필요 없는 영어 클럽'의 모든 회원들은 리더다. 커뮤니티에서, 우리가 모범을 보인다. 우리는 다른 사람들에게 무엇을 하라고 말하지 않는다. 오히려 우리가 좋은 롤 모델이 되려고 노력한다. 그 방법을 보여 주기 위해서 열심히 일한다. 리더로서, 우리는 다른 사람들을 더 강하고 더 성공적이며 더 자신감 있게 만든다.

모든 학교가 그러한 코드, 미션, 가치로 운영되어야 한다는 것이 나의 믿음이다. 위의 원칙들을 교사, 행정가, 학생이 따른다면 교육의 많은 문제들이 해결될 수 있다.

학교에서의 가장 큰 문제 중의 하나는 교사들이 학생들에게 강의하고 훈육하는 것 이상의 것을 해야 한다는 것을 인식하지 못했다는 사실이다. 진정으로 훌륭한 교사는 단순한 강사 이상이며, 학생들에게 위대함을 고무시키는 지도자와 코치들이다.

자신의 팀이 위대함을 이룰 수 있도록 도와주는 당신이 가장 좋아하는 스포츠 코치를 생각해 보라. 이 사람들은 단순히 게임의 기술을 가리키지 않는다. 훌륭한 코치는 이끌고 영감을 준다. 그들은 실용 심리학의 전문가이다. 그들은 선수들에게 활력을 불어넣고 동기를 부여하는 방법을 알고 있다. 그들은 그들의 팀을 더 강하고 더 자신감 있고 더 성공하게 만든다.

이것이 내가 일반적으로 나를 교사라기보다는 영어 '코치coach'라고 부르는 이유이다. '코치'라는 단어는 나로 하여금 더 많은 것을 하도록 일깨운다. 팀원들에게 활력을 불어넣고 이끌어주고 영감을 주는 데 집중하도록 하게 한다. 코치로서, 나는 단순히 영어를 가르치는 것보다 더 많은 것을 해야만 한다. 나는 당신이 자신을 믿도록 도와야 한다. 나는 당신이 영어로 성공할 수 있다는 것을 확신시켜야 한다. 사실 당신은 성공할 것이다.

나는 이 책이 정확히 그것을 하기를 희망한다. 나는 당신이 더욱 자신감을 느끼기를 희망한다. 나는 당신이 할 수 있다고 확신하고 마침내 영어 말하기를 성공하기를 바란다. 과거는 미래와 같지 않다. 당신이 영어로 겪었던 모든 어려움은 사라졌다. 그것들을 놓아준다. 오늘은 새로운 날이고 당신은 이제 완전히 새로운 시스템을 갖게 되었다.

오늘은 당신의 날이다. 당신은 지금 '노력이 필요 없는 영어' 말하기로 가는 길에 있다.

여행을 즐겨라!

# 추천 영어 코스

## 1. 노력이 필요 없는 영어 오디오북

영어 학습자들을 위한 서비스로 이 책의 오디오 버전을 녹음했다. 이 책의 웹사이트에서 오디오 버전을 얻는다. 챕터별로 책의 오디오와 텍스트 버전을 사용한다. 먼저 한 챕터를 읽고 동시에 듣는 것으로 깊게 배운다. 며칠 동안 이렇게 한다. 그리고 나서 텍스트를 한쪽으로 치우고 단지 오디오 챕터를 며칠간 듣는다. 일단 한 챕터를 숙달하게 되면 그 과정을 다시 다음 챕터와 시작한다. 오디오 북을 얻는다.

• EffortlessEnglishClub.com/book

## 2. 노력이 필요 없는 영어 코스

공식적인 '노력이 필요 없는 영어' 코스 중 하나로 A.J.와 함께 훈련함으로써 빠르게 영어를 향상시킨다. 능숙하고 자신감 있는 영어를 구사할 수 있도록 훈련한다. 모든 코스는 책에서 설명된 방법을 사용해서 구성되었다. 당신이 '노력이 필요 없는 영어' 코스에 가입할 때 당신은 A.J.가 가르치는 오디오와 비디오 수업을 사용하여 당신의 구어체 영어가 향상된다. 이것이 가장 빠른 성공을 위해 '노력이 필요 없는 영어' 시스템을 사용하는 가장 쉬운 방법이다. 오늘 '노력이 필요 없는 영어' 코스에 가입하라.

• EffortlessEnglishClub.com

## 3. 에이제이 호그(A.J. Hoge) 말하기 훈련법

A.J.는 영어 유창성을 디딤돌로 삼아 세계 경제의 번영에 기여할 수 있도록 준비한다. A.J.는 미국, 아시아, 유럽 및 남미의 기업 세미나 및 공공장소에서 4개 대륙의 국제 기업과 상담한다. A.J 는 영어, 교육 및 훈련, 대중 연설, 경력 개발 및 국제 마케팅과 관련된 주제에 관해 이야기한다. 그는 당신 조직의 요구에 따라서 프레젠테이션을 맞춤화한다. A.J.의 연설, 훈련 그리고 컨설팅에 대해 더 많이 알아보라.

• AJHoge.com

## 4. 실제 원어민과의 리얼 영어 코스

관용어, 속어 그리고 일상적인 영어를 포함한 실제 영어를 배워라. 원어민들이 '거리에서' 사용하는 영어를 배워라. 모든 강좌는 원어민들 사이의 실제 자연스러운 대화를 사용한다. 각 과정은 A.J., Kristin Dodds 및 Joe Weiss의 실제 영어 배우기(Learn

Real English) 팀이 가르친다. 실제 영어 학습 과정에 참여하라.

- LearnRealEnglish.com


## 5. 비즈니스 영어 코스

국제적인 비즈니스 경력을 개발한다. A.J.의 비즈니스
영어 강좌로 국제 비즈니스 언어를 숙달한다. 비즈니스 영어 강좌
에 대해 자세히 알아본다.

- EffortlessEnglishClub.com/businessenglish

노력이 필요 없는 영어

초판 1쇄 인쇄 | 2021년 08월 20일
초판 3쇄 발행 | 2021년 08월 28일

지은이 | A.J. 호그
옮긴이 | 손경훈
펴낸이 | 최화숙
편집인 | 유창언
펴낸곳 | **아마존북스**

등록번호 | 제1994-000059호
출판등록 | 1994. 06. 09

주소 | 서울시 마포구 성미산로2길 33(서교동), 202호
전화 | 02)335-7353~4
팩스 | 02)325-4305
이메일 | pub95@hanmail.net | pub95@naver.com

ⓒ A. J. 호그 2021
ISBN 979-89-5775-263-0  13740
값 15,000원